应用型本科规划教材

成本会计实训

主编　杨玉红　原美荣

清华大学出版社

北京交通大学出版社

·北京·

内 容 简 介

《成本会计实训》为杨玉红和原美荣主编的《成本会计》一书的同步配套实训教材，每章都由两个项目组成：基础知识训练和综合能力训练。本书力求更好地贯彻"工作过程导向、教学做一体化"的应用技术教育理念，以项目为单位组织教学，使学生完成基于工作过程的教与学的有效结合，掌握完成工作任务的方法、要求和步骤，提高其工作岗位的适应能力。

本书既可作为"成本会计"课程配套实训的教材，也可单独作为实训课程的教材，同时也适用于成人高等财会专业或其他相关专业教学，还可作为会计人员培训和自学用书。

图书在版编目(CIP)数据

成本会计实训/杨玉红，原美荣主编 . —北京：北京交通大学出版社：清华大学出版社，2016.1

ISBN 978 - 7 - 5121 - 2646 - 6

Ⅰ. ①成… Ⅱ. ①杨… ②原… Ⅲ. ①成本会计 - 教材 Ⅳ. ①F234.2

中国版本图书馆 CIP 数据核字(2016)第 014123 号

责任编辑：郭东青

出版发行：清 华 大 学 出 版 社　　邮编：100084　　电话：010 - 62776969
　　　　　北京交通大学出版社　　邮编：100044　　电话：010 - 51686414
印　刷　者：北京时代华都印刷有限公司
经　　销：全国新华书店
开　　本：185mm×260mm　　印张：7.75　　字数：195 千字
版　　次：2016 年 1 月第 1 版　　2016 年 1 月第 1 次印刷
书　　号：ISBN 978 - 7 - 5121 - 2646 - 6/F·1596
印　　数：1～2 000 册　　定价：19.90 元

前　言

成本会计不仅是财经类专业的核心课程，也是一门理论与专业技术密切结合的专业课程。成本会计课堂教学内容涉及大量成本核算知识，概念、数据繁多，对于没有社会实践经验的学生来说比较抽象，容易使学生感到枯燥，这会对教学效果产生不同程度的影响。在这种情况下，如果能够科学合理地安排成本会计实训教学活动，不仅可以帮助学生理论联系实际，深入领会书本知识，提高实践技能，而且还可培养学生利用成本会计知识分析问题、解决问题的能力，从而达到培养学生专业的严谨性和具备企业内部成本管理能力的目标。

本书共分九章，按照从简单到复杂，从单项到综合的思路，逐步强化学生的专业实践技能。在教学设计上根据成本会计的组成内容分项编写，分为基础知识训练和综合能力训练两部分内容，完成基于工作过程的教与学的有效结合，使学生掌握完成工作任务的方法、要求和步骤，提高其工作岗位的适应能力。其主要特点如下。

1. 以应用为核心，侧重实用。通过单项实训来组织教材内容，把理论知识与实践技能有机地结合起来，重视知识内容的实用性。

2. 以学生为主体，培养能力。通过长期的教学实践和企业走访、调查、实践，仿真设计了与企业成本核算过程基本相似的企业成本核算实训项目，每个实训项目均设有实训目的、实训说明、实训资料、实训要求和实训步骤，使学生在任务驱动中学习，进一步强化学生的能力训练。

3. 以创新为导向，制定模式。针对学生的接受能力，采用任务驱动、项目教学的模式编写，力争理论和实训一体化，让教材真正成为教学的载体、学生的助手和企业的工具。

在使用本书时学习者需注意以下两点：①先认真学习成本会计核算理论，作为知识铺垫；②学习过程采用"学、做、练"一体的模式，集中教学时间，完成学习内容，边学习、边实践，学练交替、循序渐进，在"学、做、练"一体的教学环境下完成学习任务。

本书由杨玉红、原美荣担任主编，赵永佳、白文军、张南南等参加编写工作，最后由杨玉红对全书进行总纂和定稿。

由于编者水平有限，书中的遗漏及错误在所难免，敬请各位读者不吝指正。

本书相关配套资源可以到北京交通大学出版社网站下载，网址是 http://www.bjtup.com.cn。也可以通过邮件从责任编辑处获取，邮箱：764070006@qq.com。

编者

2016 年 3 月

目　　录

绪　　论

一、成本会计实训的目的

通过对成本会计实训资料的演练和操作，熟悉成本会计核算实务的整个流程，掌握较全面的成本会计核算基础知识和基本操作技能，为其上岗和从事与会计相关的工作奠定基础，进一步增强其解决成本核算实际问题的能力。

二、成本会计实训的任务

成本会计实训包括基本知识训练和综合能力训练两部分。

通过对基本知识的训练，要求读者掌握成本会计的基本内容，进一步熟悉成本核算的基本概念、基础知识和基本环节。

通过综合能力训练，要求读者掌握成本会计资料的种类、格式、内容、填制方法及其业务流程、凭证传递手续等内容，掌握成本会计中凭证的填制与审核、成本核算账簿的设置与登记、成本费用的归集和分配、成本核算的各种方法及成本会计报表的编制与分析等基本技能，进一步熟悉实际的企业成本会计业务，掌握企业生产经营全过程的成本核算，进而全面、系统、完整、综合地理解和掌握成本核算的方法和技能，具备独立处理成本会计实务和成本核算的动手操作能力，能将成本核算融入企业会计核算的全过程中。

三、考核方式

考核分日常考核和综合能力训练考核两部分。日常考核主要是指基础知识的掌握情况和与同学的协作能力；综合能力训练考核主要是考查学生每次上交的实训材料是否符合要求。考核成绩分优秀、良好、及格和不及格四个等级，可单独计入学生的学习成绩档案，也可作为成本会计课程平时成绩的一部分。

四、实训内容与学时分配

序号	项　目	实训内容	课时分配	形　式
1	第一章	成本会计的基本框架	1	分组
2	第二章	制造业成本核算的要求和一般程序	1	分组
3	第三章	一般要素费用的归集与分配	8	分组
4	第四章	辅助生产费用的归集与分配	2	分组
5	第五章	生产损失的核算	1	单人
6	第六章	生产费用在完工产品与在产品之间的分配	4	单人
7	第七章	企业产品成本计算的基本方法	10	分组
8	第八章	产品成本核算的辅助方法	4	单人
9	第九章	成本报表的编制与分析	3	单人
10		合　计	36	单人

第一章　成本会计的基本框架

项目一　基础知识训练

一、单项选择题

1. 产品成本是指为制造一定数量、一定种类的产品，而发生的以货币表现的（　　）。
   A. 物化劳动耗费　　　B. 各种耗费　　　C. 原材料耗费　　　D. 活劳动耗费

2. 成本的资金耗费，是相对于（　　）而言的。
   A. 一定对象　　　　B. 一定时期　　　C. 一个单位　　　D. 一个企业

3. 按照马克思的成本理论，产品成本是产品价值中的（　　）部分。
   A. C + M　　　　　B. C + V　　　　　C. V + M　　　　D. C + V + M

4. 对生产经营过程中发生的费用进行归集和分配，计算出有关成本计算对象的实际总成本和单位成本，称为（　　）。
   A. 成本会计　　　　B. 成本核算　　　C. 成本预测　　　D. 成本分析

5. 进行成本决策，确定目标成本是编制（　　）的前提。
   A. 成本预测　　　　B. 成本计划　　　C. 成本控制　　　D. 成本考核

6. 成本会计的基本职能是（　　）。
   A. 核算职能　　　　B. 监督职能　　　C. 核算和监督职能　　D. 计划和考核职能

7. 在成本会计工作中，基础的工作是（　　）。
   A. 成本核算　　　　B. 成本决策　　　C. 成本分析　　　D. 成本考核

8. 对生产经营过程中发生的费用进行归集和分配，计算出有关成本计算对象的实际总成本和单位成本，即（　　）。
   A. 成本会计　　　　B. 成本核算　　　C. 成本预测　　　D. 成本分析

9. 集中工作方式和分散工作方式是指（　　）。
   A. 企业内部成本会计对象　　　　　B. 企业内部成本会计职能
   C. 企业内部各级成本会计机构　　　D. 企业内部成本会计任务

10. 下列成本中，应计入产品成本的有（　　）。
    A. 管理费用　　　　B. 财务费用　　　C. 销售费用　　　D. 制造费用

二、多项选择题

1. 理论成本是指产品生产过程中耗费的（　　）的货币表现。
   A. 物化劳动　　　　B. 部分物化劳动　　C. 活劳动　　　D. 部分活劳动

2. 下列各项支出中，明确应计入产品成本的支出有（　　）。
   A. 生产产品的材料　　　　　　　B. 生产车间的折旧费用
   C. 生产工人的工资　　　　　　　D. 生产工人的福利费

3. 成本费用的作用，主要表现在（　　）。

    A. 补偿企业耗费的尺度   B. 综合反映企业工作质量的指标

    C. 制定产品价格的基础   D. 企业进行决策的重要依据

4. 成本会计的内容主要包括（　　）等方面。

    A. 成本预测和成本决策   B. 成本计划和成本控制

    C. 成本核算和成本分析   D. 成本考核和成本检查

5. 成本会计的任务是（　　）。

    A. 正确计算产品成本，及时提供成本信息B. 加强成本预测，优化成本决策

    C. 制定目标成本，加强成本控制   D. 建立成本责任制，加强成本考核

6. 成本会计的基础工作包括（　　）。

    A. 建立健全原始记录

    B. 建立健全存货的计量、验收和盘存制度

    C. 建立健全定额管理制度

    D. 建立健全企业内部定额管理制度

三、判断题

1. 产品成本是指企业在一定的时期内，为生产一定数量产品而发生的各项生产费用。（　　）

2. 成本是一种补偿价值，需要补偿的是一定期间内企业发生的全部支出。（　　）

3. 产品成本总是相对于一定成本计算对象而言的。（　　）

4. 成本预测是成本决策的结果，正确的成本决策是进行成本预测的前提。（　　）

5. 成本会计的对象就是产品生产成本。（　　）

6. 集中式的核算工作组织，有利于各部门及时了解本单位的成本水平及其变化。（　　）

7. 大中型企业一般采用集中式的成本核算组织形式，小型企业一般采用非集中式的成本核算组织形式。（　　）

8. 企业应当根据国家有关法令、法规，并结合企业实际情况来制定本企业的成本会计工作制度。（　　）

9. 在市场经济条件下，价格应由企业的生产成本加上确定的目标利润后求得。（　　）

10. 企业在成本核算中主要应考虑对外提供信息的需要来组织成本核算工作。（　　）

项目二　综合能力训练

实训一　成本含义的理解

【实训目的】

通过实训，进一步了解成本、费用、支出的概念，清楚其三者之间的关系。

【实训说明】

成本是指生产某种产品、完成某个项目或者说某件事情的代价，也即发生的耗费总和，它是按一定对象所归集的成本，是对象化的费用。费用包括企业在生产经营过程中所发生的各种耗费。从经济学的角度来说，成本即费用，费用即成本。但从会计学的角度来说，我们

把费用分为生产费用和期间费用两部分，生产费用即为生产成本，包括直接材料、直接人工和制造费用三部分；期间费用是指企业在一定时期为生产经营的正常进行而发生的各项支出，它包括销售费用、管理费用和财务费用。期间费用也可称为期间成本。

支出是企业在经济活动中发生的所有开支和耗费，这种开支和耗费按受益期的长短可分为生产经营性支出和非生产经营性支出。具体来说又可分为资本性支出、收益性支出、所得税费支出、营业外支出等。

【实训资料】

胜天软件开发公司是刚成立不久的新兴电脑动画开发企业，公司的用房是租用水工大厦写字楼 12 层两间共 400 平方米的生产经营用房，其中 320 平方米为开发软件用房，80 平方米为管理部门用房，每年租金 200 000 元；购买设备支出 300 000 元，其中生产设备 250 000 元，管理设备 50 000 元，设备按规定可用 5 年，期满无残值。本年度购买软件开发所需材料 100 000 元，领用 80 000 元；用于推销产品所发生的销售费用 120 000 元；职工薪酬支出 450 000 元，其中软件开发人员薪酬 350 000 元，企业办公费 50 000 元；支付罚款 20 000 元。全年收入 1 100 000 元。财务经理提供的利润表显示，本年盈利 120 000 元，但总经理计算了一下，认为本年度亏损 140 000 元。

【实训要求】

1. 确定哪一种利润的计算方式是正确的，并说明原因。

2. 本案例中成本、费用、利润各为多少，请做出详细的解释。

实训二　成本会计的工作组织

【实训目的】

通过实训，进一步了解成本会计的工作组织。

【实训说明】

成本会计机构是成本会计工作的职能单位，是企业会计机构的一部分。成本会计工作的组织形式通常有集中式和非集中式两种。集中式的成本会计工作组织，对于产品生产企业，提供成本信息比较方便，但不便于分步掌握和控制成本费用，一般适用于小规模生产经营企业；非集中式的成本会计工作组织，有利于车间、部门的职工和领导及时了解分析本单位的成本水平及其变化，以便控制成本费用，降低成本水平，但往往会相应增加成本会计工作的层次和工作人员，一般适用于规模较大的生产经营企业。

【实训资料】

美连凯公司刚开始为经营小家电的商场，由刘芳菲负责全部经营业务，设有一财务部门，负责企业的整个核算业务。三年后随着业务的扩大，在本市已有六家分店，实行生产、经营、运输、配送一条龙服务，规模效应显著，并且各分店都有财务部门，实行独立的成本核算。

【实训要求】

说明本公司三年前和三年后分别适合采用什么样的成本核算方式。

【实训提示及参考答案】

实训一提示

1. 财务经理提供的报表计算的利润是正确的，符合企业会计准则的规定和成本计算的要求。

2. 成本和费用均为 960 000 元，生产成本为 640 000 元，期间费用为 320 000 元。营业外支出 20 000 元，支出总计为 1 240 000 元。解释见定义。

实训二提示

企业三年前经营规模小，采用集中式核算方式比较好。这种核算方式有利于企业及时掌握有关成本的全面信息。

企业三年后，已开到六家分店，形成了一定的规模效应，采用非集中式核算比较好。因为采用非集中式核算方式，有利于成本费用的分级管理和责任成本的核算，有利于调动职工工作的积极性和创造性。

第二章 制造业成本核算的要求和一般程序

项目一 基础知识训练

一、单项选择题

1. 保证成本会计工作质量的前提是（   ）。
   - A. 正确划分各种成本的界限
   - B. 确定成本计算对象
   - C. 做好成本核算的基础工作
   - D. 确定成本项目
2. 下列支出中，不应计入生产成本的是（   ）。
   - A. 生产产品的材料费用
   - B. 车间管理人员的薪酬
   - C. 生产设备的折旧费
   - D. 企业管理人员的薪酬
3. 在本期支付而由以后其他各期负担的费用，应当作为（   ）进行分期摊销，而不应当直接计入本期成本和费用中。
   - A. 管理费用
   - B. 预提费用
   - C. 长期待摊费用
   - D. 制造费用
4. 如果将不应该由本期负担的成本直接计入本期费用中，结果（   ）。
   - A. 会虚增企业成本费用
   - B. 会虚减企业成本费用
   - C. 不影响企业成本费用
   - D. 不会对企业利润产生影响
5. 期末需要在各产品之间进行分配的生产成本是（   ）。
   - A. 本期发生的生产成本
   - B. 期初转入的生产成本
   - C. 期初转入的和本期发生的生产成本
   - D. 期末在产品成本
6. 为核算企业进行各种产品、自制半成品等的生产所发生的各项成本，应设置（   ）科目。
   - A. 生产成本
   - B. 制造费用
   - C. 在产品
   - D. 库存商品

二、多项选择题

1. 在没有期初、期末在产品的情况下，需要正确划清的费用界限有（   ）。
   - A. 生产经营支出与其他支出的界限
   - B. 本期费用与非本期费用的界限
   - C. 生产成本与期间费用的界限
   - D. 各种产品成本的界限
2. 为了正确计算产品成本，必须正确划分的成本界限有（   ）。
   - A. 应计入产品成本和不应计入产品成本
   - B. 应计入完工产品成本和月末在产品成本
   - C. 各个会计期间的费用

D. 责任成本与非责任成本

3. 要划清应计入本期费用和不应计入本期费用的界限，应遵循（　　）要求。

    A. 会计分期核算　　　　　　　　　　B. 权责发生制

    C. 历史成本计价　　　　　　　　　　D. 民主集中制

4. 企业成本核算的一般程序是（　　）。

    A. 按成本开支范围审核各项费用应否计入生产费用

    B. 按受益部门归集和分配各项费用

    C. 将应计入本期产品成本的费用在各种产品之间进行分配

    D. 按一定标准分配完工产品成本和月末在产品成本

5. "生产成本"账户，是用来核算企业生产的（　　）等所发生的各项生产费用。

    A. 各项产品　　　　　　　　　　　　B. 自制材料

    C. 自制设备　　　　　　　　　　　　D. 自制用具

6. 下列属于成本核算信息质量要求的是（　　）。

    A. 合法性　　　　　　　　　　　　　B. 重要性

    C. 相关性　　　　　　　　　　　　　D. 实际成本计价

三、判断题

1. 在划分各种产品费用界限时，应注意划清本期产品与非本期产品的费用界限。（　　）

2. 选择完工产品与月末在产品成本分配的方法，既要科学合理，又要简便易行。（　　）

3. 凡不应计入产品成本的支出，全部作为营业外支出处理。（　　）

4. 实际工作中，哪些费用应计入产品成本，哪些费用不应计入产品成本，由企业自行决定。（　　）

5. 营业外支出不应计入当期损益。（　　）

6. "制造费用"账户，是用来核算和监督企业为管理和组织生产经营活动而发生的各项间接费用。（　　）

7. 企业在本期发生的各项费用，都必须计入当期生产成本中。（　　）

8. 哪一种产品发生的费用，就应计入哪一种产品的成本。（　　）

项目二　综合能力训练

实训　成本核算要素分析

【实训目的】

通过实训，使学生具备产品成本费用界限划分的能力。

【实训说明】

为了保证产品成本核算的客观性和合理性，在生产经营成本汇集分配进程中，必须正确划分以下五个方面的成本界限。

1. 正确划分生产经营性支出和非生产经营性支出的界限。

2. 正确划分产品生产成本与期间费用的界限。

3. 正确划分本月（期）费用与非本月（期）费用的界限。

4. 正确划分各种产品的成本界限。

5. 正确划分完工产品与月（期）末在产品的成本界限。

【实训资料】

永安新远设备有限公司是一家生产空气净化器的企业，2015 年 3 月份有关数据如下。

1. 购进生产用材料 500 000 元，其中 420 000 元被领用于生产产品。

2. 发生薪酬费用 240 000 元，其中生产工人薪酬 186 000 元，车间管理人员薪酬 20 000 元，企业管理部门人员薪酬 34 000 元。

3. 购买设备 100 000 元，增值税进项税额 17 000 元，用银行存款支付。

4. 向银行贷款购建厂房，本期应支付的利息为 6 800 元，厂房正在建设中。

5. 本期计提固定资产折旧 12 000 元，期中车间固定资产折旧 8 000 元，厂部固定资产折旧 4 000 元。

6. 生产车间领用劳保用品 2 000 元。

7. 企业发生业务招待费 1 500 元，用现金支付。

8. 向电视台支付广告费 12 000 元，用银行存款支付。

【实训要求】

1. 确定本期费用和非本期费用各是多少。

2. 确定生产成本和期间费用各是多少。

【实训提示及参考答案】

1. 本期费用总计 687 500 元，非本期费用总计 106 800 元。

2. 生产成本总计 636 000 元，期间费用总计 51 500 元。

第三章　一般要素费用的归集与分配

项目一　基础知识训练

一、单项选择题

1. 基本生产车间一般消耗的材料，应记入（　　）账户。
   A. 基本生产成本　　　　B. 制造费用　　　　C. 管理费用　　　　D. 辅助生产成本

2. 在企业未设置"燃料及动力"成本项目的情况下，生产车间发生的直接用于产品生产的动力费用，应借记的账户为（　　）。
   A. 管理费用　　　　　　　　　　　　B. 基本生产成本
   C. 生产成本　　　　　　　　　　　　D. 制造费用

3. 企业如果采用计划成本进行材料发出的日常核算，需（　　）。
   A. 按计划成本计算发出材料成本
   B. 按加权平均法计算发出材料实际成本
   C. 按先进先出法计算发出材料实际成本
   D. 计算材料成本差异并将发出材料计划成本调整为实际成本

4. 在企业生产产品成本中，"直接人工"项目不包括（　　）。
   A. 直接进行产品生产的工人的计时工资
   B. 按生产工人工资计提的福利费
   C. 直接进行产品生产的工人的计件工资
   D. 企业行政管理人员工资

5. 分配制造费用时，机器工时比例法适用于（　　）。
   A. 机械化程度较高的车间
   B. 季节性生产的企业
   C. 机械化程度较低的车间
   D. 计划成本与实际成本相差较大的车间

6. 下列属于加速折旧法的有（　　）。
   A. 平均年限法　　　　　　　　　　　B. 年数总和法
   C. 双倍余额递减法　　　　　　　　　D. 余额递减法

7. 下列数据中不应作为记录材料消耗数量原始依据的是（　　）。
   A. 领料单　　　　　　　　　　　　　B. 限额领料单
   C. 退料单　　　　　　　　　　　　　D. 账存实存对比单

8. "制造费用"账户（　　）。
   A. 一般有借方余额　　　　　　　　　B. 一般有贷方余额
   C. 转入"本年利润"账户后，期末无余额　　D. 除季节性生产企业外，期末无余额

9. 采用生产工时比例分配法分配制造费用，分配标准是（　　　）。

　　A. 该生产单位产品生产工人工时

　　B. 该企业产品生产工人工时

　　C. 该生产单位单位产品生产工时

　　D. 该生产单位单位产品定额工时

10. 采用计划成本分配率分配制造费用时，"制造费用"账户（　　　）。

　　A. 应有借方余额

　　B. 应有贷方余额

　　C. 只有年末有借方余额

　　D. 年末差额分配转账后，应无余额

11. 按照生产成本范围的界定，下列项目中不属于生产成本的是（　　　）。

　　A. 产品消耗的原材料

　　B. 材料在仓库保管过程中消耗的物料

　　C. 维修生产用机器设备消耗的备件

　　D. 直接装配在产品上的外购半成品

12. 下列费用中，不应计入期间费用的有（　　　）。

　　A. 企业管理部门的差旅费

　　B. 企业销售人员的工资

　　C. 外币汇总损益

　　D. 生产车间管理人员的工资

二、多项选择题

1. 分配材料费用时，如果采用计划成本核算，下列说法正确的是（　　　）。

　　A. 需要分配发出材料的成本差异

　　B. 实际与计划的差异均从材料成本差异的贷方转出

　　C. 节约差异从材料成本差异的贷方转出，并用红字表示

　　D. 超支差异从材料成本差异的借方转出

2. 下列各项中，包括在"直接材料"成本项目中的有（　　　）。

　　A. 产品生产过程中直接消耗的原材料

　　B. 产品生产过程中直接消耗的外购半成品

　　C. 产品生产过程中直接消耗的自制半成品

　　D. 产品销售过程中领用的包装物

3. 记录材料消耗数量的原始凭证主要有（　　　）等。

　　A. 领料登记表　　　B. 退料单　　　　C. 限额领料单　　　D. 领料单

4. 涉及职工薪酬归集分配的主要原始凭证有（　　　）。

　　A. 考勤表　　　　B. 产量记录表　　　C. 工资卡　　　　D. 加班记录表

5. 外购动力费用的分配方法主要有（　　　）等。

　　A. 定额耗用量比例分配法　　　　　　B. 生产工时分配法

　　C. 机器工时分配法　　　　　　　　　D. 标准产量比例分配法

6. 制造费用的分配方法有（　　　）。

A. 生产工时比例分配法 　　　　　B. 生产工人工资比例分配法

C. 机器工时比例法 　　　　　　　D. 按年度计划分配率分配法

7. 直接用于产品生产，专设"直接材料"成本项目的材料费用（　　　）。

A. 是直接生产成本 　　　　　　　B. 借记"基本生产成本"账户

C. 借记"制造费用"账户 　　　　 D. 直接计入或分配计入产品成本

8. 根据"职工薪酬分配表"进行分配结转薪酬成本的账务处理时，会计分录中对应的借方账户主要有（　　　）等。

A. 基本生产成本 　　　　　　　　B. 制造费用

C. 管理费用 　　　　　　　　　　D. 财务费用

9. 下列费用中属于制造费用项目的有（　　　）。

A. 生产车间管理人员的薪酬 　　　B. 企业全体人员的薪酬

C. 生产车间的固定资产折旧费 　　D. 企业行政管理部门的固定资产折旧费

10. 下列费用中，属于销售费用的是（　　　）。

A. 销售产品的广告费 　　　　　　B. 存货的跌价损失

C. 销售机构人员的工资 　　　　　D. 外币结算中的汇兑损失

三、判断题

1. 选择企业制造费用和直接人工分配标准时可以采用同一标准。（　　　）

2. 对于几种产品生产共同耗用的，并且构成产品实体的原材料成本，应该直接计入各种产品成本。（　　　）

3. 凡生产车间领用材料，均应计入产品生产成本。（　　　）

4. 在采用计件工资形式下，如果生产多种产品，则应采用一定的分配标准分配工资后再记入各种产品成本明细账中的"直接人工"成本项目。（　　　）

5. 凡是固定资产折旧费都是产品成本的组成部分，都应计入产品成本。（　　　）

6. 定额消耗量比例分配法的定额只能是材料定额消耗量。（　　　）

7. 采用计时工资制度计算的应付工资，只能是日薪制。（　　　）

8. 制造费用是企业为生产产品在生产车间发生的应该计入产品成本的各项间接费用，所以制造费用最后由产品成本承担。（　　　）

9. 企业应当按照制造费用项目设置制造费用明细账。（　　　）

10. 燃料费用的分配较多地采用生产工时分配法或机器工时分配法。（　　　）

11. 采用计件工资制时，产品生产工人的薪酬属于直接计入费用。（　　　）

12. 产品生产工资和其他薪酬，可以合并记入"直接人工"成本项目。（　　　）

四、业务练习题

1. 某企业生产 A、B 两种产品，共耗用原材料 22 500 千克，每千克 5 元。生产 A 产品 1 000 件，单件 A 产品原材料消耗定额为 15 千克；生产 B 产品 500 件，单件 B 产品原材料消耗定额为 20 千克。

要求：按定额耗用量比例分配法计算 A、B 产品应分配的原材料费用。

2. 某企业生产 A、B 两种产品，领用甲、乙两种材料，共计 73 200 元。A 产品本月实际产量为 350 件，B 产品本月实际产量为 200 件。A 产品的消耗定额为：甲材料 6 千克/件，乙材料 10 千克/件；B 产品的消耗定额为：甲材料 5 千克/件，乙材料 4 千克/件。甲、乙两种材料的计划单价分别为 10 元和 15 元。

要求：按定额成本比例分配法计算 A、B 产品应分配的原材料费用。

3. 某企业材料按计划成本核算。该企业本月初"原材料"账户余额为 10 000 元，"材料成本差异"账户余额为 100 元，本月购入材料的实际成本为 102 100 元，计划成本为 100 000 元。企业本月发出材料如下：基本生产车间生产产品领用 60 000 元，一般消耗性领用 10 000 元，辅助生产车间领用 8 000 元，厂部行政管理部门领用 4 000 元，专设销售机构领用 5 000 元。

要求：

（1）计算材料成本差异率。

（2）编制材料费用分配表并进行相应的会计处理。

4. 某企业生产 A、B 两种产品，共同耗用电力 10 000 度，电价为每度 1.2 元，A、B 产品实际生产工时分别为 5 000 小时和 3 000 小时。

要求：按生产工时比例分配法分配外购动力费用。

5. 某企业生产工人月薪酬标准为 3 600 元，10 月份日历天数为 31 天，其中病假 2 天，事假 1 天，法定节假日 3 天，休假 8 天，出勤天数为 17 天。根据该生产工人的工龄，其病假工资按标准工资的 90% 计算。该生产工人的病假和事假期间没有节假日。

要求：分别按照日历天数与法定工作天数计算日工资率，并分别采用月薪制和日薪制计算该工人本月应付薪酬。

6. 某公司 2015 年 6 月应发工资 940 万元，其中：基本生产车间直接人员工资为 500 万元；基本生产车间管理人员工资为 100 万元；公司行政管理部门人员工资为 120 万元；公司专设销售机构人员工资为 100 万元；建造厂房人员工资为 120 万元。假设公司分别按照职工工资总额的 10%、12%、2% 和 10.5% 计提职工医疗保险费、养老保险费、失业保险费和住房公积金；按职工工资总额的 3%、2% 和 1.5% 计提职工福利费、工会经费和职工教育经费。

要求：计算分配职工的薪酬费用，并编制相应的会计分录。

7. 某企业基本生产车间生产 A、B 两种产品，2015 年 8 月该车间实际发生制造费用 9 000 元。A、B 产品生产工时分别为 2 700 小时、1 800 小时。生产工人计件工资分别为：A 产品 3 000 元；B 产品 1 500 元。A、B 产品计时工资共计 18 000 元。

要求：

（1）采用生产工人工时比例法分配制造费用。

（2）采用生产工人工资比例法分配制造费用。

8. 某企业基本生产车间全年制造费用计划为 117 000 元，全年各种产品的计划产量为 C 产品 19 000 件，D 产品 6 000 件，E 产品 8 000 件。单件产品工时定额：C 产品为 5 小时，D 产品为 7 小时，E 产品为 7. 25 小时。本月份实际产量：C 产品为 1 800 件，D 产品为 700 件，E 产品为 500 件，本月实际发生的制造费用为 10 300 元。

要求：

（1）按年度计划分配率分配制造费用。

（2）根据计算结果编制会计分录。

项目二　综合能力训练

实训一　材料费用归集与分配

【实训目的】

熟悉材料费用的发生和凭证传递程序，掌握材料费用的归集和分配方法及相应的账务处理方法。

【实训说明】

企业各单位领用材料后，财会部门根据领料单计算发出材料的成本，按材料用途在相应的成本费用账户中进行归集，账务处理为借记"基本生产成本"、"辅助生产成本"、"制造费用"等账户，贷记"原材料"账户。如果是几种成本计算对象共同分摊的材料成本，则需选择合适的分配标准进行分配，编制材料费用分配表，分配清楚后才能记入相应的成本明细账中。

【实训资料】

淮南机械制造有限公司是一个以生产通用车床为主的制造企业，设有铸造车间、机加工车间和装配车间三个基本生产车间，铸造车间为一车间，机加工车间为二车间，装配车间为三车间；另设有供电车间、机修车间等两个辅助生产车间。

该公司生产 A001、A002 两种型号的通用车床，其生产工艺流程如下。

铸造车间以生铁为原材料，生产铸铁件，生产完工经检验合格直接转交机加工车间；机加工车间利用铸造车间转来的铸铁件及从材料仓库领用的各种钢材按车、铣、刨、磨等工序加工，加工成装配车间使用的各种零部件后，直接转交装配车间；装配车间利用机加工车间转来的零部件及从配件仓库领用的外购件，装配成 A001 和 A002 两种型号的通用车床，经检验合格后入成品库。

该公司有关材料成本核算制度规定如下。

1. 该公司所有存货均按实际成本计价，采用全月一次加权平均法计算发出存货的实际成本。

2. 该公司产品成本核算实行厂部一级核算，产成品的成本项目均分为直接材料、燃料及动力、直接人工、制造费用。

3. 铸造车间不单独计算铸件成本，机加工车间生产的机壳、动力杆等零部件也不单独计算成本，发生的有关成本直接计入装配车间的产成品成本中。装配车间以 A001、A002 两种型号的通用车床为成本计算对象。

4. 供电、机修两个辅助生产车间发生的间接费用不通过"制造费用"账户核算，直接记入"辅助生产成本"账户。

5. 淮南机械制造有限公司材料种类明细账见表 3-1。

表 3-1

材料种类明细表

材 料 类 别	材 料 编 号	材 料 名 称	计 量 单 位	仓 库
原料及主要材料	101001	生铁	吨	1 号仓库
	101002	圆钢	吨	
	101003	角钢	吨	
辅助材料	102001	润滑油	千克	
	102002	油漆	千克	
燃料	201001	煤炭	吨	2 号仓库
	201002	焦炭	吨	
	202001	汽油	升	
	202002	柴油	升	
外购件	301001	电机	台	3 号仓库
	301002	控制器	套	
	302001	轴承	套	
包装物	302002	标准件	套	
	303003	办公材料	套	
	401001	包装材料	包	

6. 该公司各用料部门填制一式三联"领料单",据以从材料仓库领用材料。月末,材料核算员进行金额汇总,对于共同发生的材料按要求进行分配后,编制"发出材料汇总表"。领料单编号以仓库为单位按领料顺序进行编制。

7. 2015 年 3 月,该公司有关领料单如表 3-2 至表 3-20 所示。

表 3-2

淮南机械制造有限公司

领 料 单　　　　　　　　　　　　　　　　编号:1001

领料单位:一车间　　　　　　　2015 年 3 月 3 日　　　　　　　仓库:1 号库

材料编号	材料类别	材料名称	计量单位	数量		单 价	金 额	备 注
				请 领	实 发			
101001	原材料	生铁	吨	10.00	10.00	2 600.00	26 000.00	
用途	生产铸铁件					合　计	26 000.00	

领料单位负责人:李鹏　　　　　　　发料:张小洁　　　　　　　领料:方玲

表 3-3

淮南机械制造有限公司

领 料 单　　　　　　　　　　　　　　　　编号:2001

领料单位:一车间　　　　　　　2015 年 3 月 3 日　　　　　　　仓库:2 号库

材料编号	材料类别	材料名称	计量单位	数量		单 价	金 额	备 注
				请 领	实 发			
201001	燃料	煤炭	吨	20.00	20.00	715.00	14 300.00	
用途	生产铸铁件					合　计	14 300.00	

领料单位负责人:李鹏　　　　　　　发料:王方　　　　　　　领料:方玲

表 3-4

淮南机械制造有限公司

领 料 单　　　　　　　　　　　　　　　　编号:1002

领料单位:二车间　　　　　　　2015 年 3 月 3 日　　　　　　　仓库:1 号库

材料编号	材料类别	材料名称	计量单位	数量		单 价	金 额	备 注
				请 领	实 发			
101002	原材料	圆钢	吨	10.00	10.00	3 520.00	35 200.00	
用途	生产零部件					合　计	35 200.00	

领料单位负责人:赵伟　　　　　　　发料:张帅　　　　　　　领料:王强

表 3-5

淮南机械制造有限公司

领　料　单

编号：1003

领料单位：二车间　　　2015 年 3 月 5 日　　　仓库：1 号库

材料编号	材料类别	材料名称	计量单位	数　量		单　价	金　额	备　注
				请　领	实　发			
101002	原材料	角钢	吨	10.00	10.00	3 800.00	38 000.00	
用途	生产零部件					合　计	38 000.00	

领料单位负责人：赵伟　　　发料：张帅　　　领料：王强

表 3-6

淮南机械制造有限公司

领　料　单

编号：3001

领料单位：三车间　　　2015 年 3 月 5 日　　　仓库：3 号库

材料编号	材料类别	材料名称	计量单位	数　量		单　价	金　额	备　注
				请　领	实　发			
301001	原材料	轴承	套	100.00	100.00	50.00	5 000.00	
301002	原材料	控制器	套	100.00	100.00	600.00	60 000.00	
用途	生产 A001 产品					合　计	65 000.00	

领料单位负责人：张华　　　发料：王林　　　领料：石玉

表 3-7

淮南机械制造有限公司

领　料　单

编号：1004

领料单位：一车间　　　2015 年 3 月 20 日　　　仓库：1 号库

材料编号	材料类别	材料名称	计量单位	数　量		单　价	金　额	备　注
				请　领	实　发			
101001	原材料	生铁	吨	10.00	10.00	2600.00	26 000.00	
用途	生产铸铁件					合　计	26 000.00	

领料单位负责人：李鹏　　　发料：张小洁　　　领料：方玲

表 3-8

淮南机械制造有限公司
领 料 单

编号：2002

领料单位：一车间　　　　　　　　　2015 年 3 月 20 日　　　　　　　　　仓库：2 号库

材料编号	材料类别	材料名称	计量单位	数量		单价	金额	备注
				请领	实发			
201001	燃料	煤炭	吨	20.00	20.00	715.00	14 300.00	
用途	生产铸铁件					合计	14 300.00	

领料单位负责人：李鹏　　　　　　　　发料：王方　　　　　　　　领料：方玲

表 3-9

淮南机械制造有限公司
领 料 单

编号：3002

领料单位：三车间　　　　　　　　　2015 年 3 月 20 日　　　　　　　　　仓库：3 号库

材料编号	材料类别	材料名称	计量单位	数量		单价	金额	备注
				请领	实发			
301001	原材料	标准件	套	180.00	180.00	300.00	54 000.00	
用途	生产 A001 和 A002 产品共同耗用					合计	54 000.00	

领料单位负责人：张华　　　　　　　　发料：王林　　　　　　　　领料：石玉

表 3-10

淮南机械制造有限公司
领 料 单

编号：3003

领料单位：三车间　　　　　　　　　2015 年 3 月 20 日　　　　　　　　　仓库：3 号库

材料编号	材料类别	材料名称	计量单位	数量		单价	金额	备注
				请领	实发			
301001	原材料	电机	台	180.00	180.00	500.00	90 000.00	
用途	生产 A001 和 A002 产品共同耗用					合计	90 000.00	

领料单位负责人：张华　　　　　　　　发料：王林　　　　　　　　领料：石玉

表 3-11

淮南机械制造有限公司

领　料　单　　　　　　　　　　　　　　　　　　　　编号：3004

领料单位：三车间　　　　　　　　　2015 年 3 月 20 日　　　　　　　　仓库：3 号库

材料编号	材料类别	材料名称	计量单位	数量		单　价	金　额	备　注
				请　领	实　发			
302002	原材料	外购件	套	180.00	180.00	200.00	36 000.00	
用途	生产 A001 和 A002 产品共同耗用					合　计	36 000.00	

领料单位负责人：张华　　　　　　　　　　发料：王林　　　　　　　　　　领料：石玉

表 3-12

淮南机械制造有限公司

领　料　单　　　　　　　　　　　　　　　　　　　　编号：3005

领料单位：三车间　　　　　　　　　2015 年 3 月 22 日　　　　　　　　仓库：3 号库

材料编号	材料类别	材料名称	计量单位	数量		单　价	金　额	备　注
				请　领	实　发			
302002	原材料	轴承	套	100.00	100.00	150.00	15 000.00	
用途	生产 A001 产品耗用					合　计	15 000.00	

领料单位负责人：张华　　　　　　　　　　发料：王林　　　　　　　　　　领料：石玉

表 3-13　　　　　　　　　　　**淮南机械制造有限公司**

领　料　单　　　　　　　　　　　　　　　　　　　　编号：3006

领料单位：三车间　　　　　　　　　2015 年 3 月 22 日　　　　　　　　仓库：3 号库

材料编号	材料类别	材料名称	计量单位	数量		单　价	金　额	备　注
				请　领	实　发			
302002	原材料	控制器	套	80.00	80.00	100.00	8 000.00	
用途	生产 A002 产品耗用					合　计	8 000.00	

领料单位负责人：张华　　　　　　　　　　发料：王林　　　　　　　　　　领料：石玉

表 3-14

淮南机械制造有限公司
领 料 单

领料单位：三车间　　　　　　　　2015 年 3 月 24 日　　　　　编号：3007　　仓库：1 号库

材料编号	材料类别	材料名称	计量单位	数量		单价	金额	备注
				请领	实发			
102002	原材料	油漆	千克	200.00	200.00	41.00	8 200.00	
用途	生产 A001 和 A002 产品共同耗用					合　计	8 200.00	

领料单位负责人：张华　　　　　　发料：王林　　　　　　　　　领料：石玉

表 3-15

淮南机械制造有限公司
领 料 单

领料单位：公司办公室　　　　　　2015 年 3 月 22 日　　　　　编号：3008　　仓库：3 号库

材料编号	材料类别	材料名称	计量单位	数量		单价	金额	备注
				请领	实发			
302003	原材料	办公材料	套	50.00	50.00	240.00	12 000.00	
用途	办公耗用					合　计	12 000.00	

领料单位负责人：张伟　　　　　　发料：王林　　　　　　　　　领料：刘子歌

表 3-16

淮南机械制造有限公司
领 料 单

领料单位：供电车间　　　　　　　2015 年 3 月 24 日　　　　　编号：2003　　仓库：1 号库

材料编号	材料类别	材料名称	计量单位	数量		单价	金额	备注
				请领	实发			
202002	原材料	柴油	升	500.00	500.00	14.00	7 000.00	
用途	发电					合　计	7 000.00	

领料单位负责人：张华　　　　　　发料：张帅　　　　　　　　　领料：刘芳菲

表 3-17

淮南机械制造有限公司

领 料 单

编号：1005

领料单位：修理车间　　　　　2015 年 3 月 22 日　　　　　仓库：1 号库

材料编号	材料类别	材料名称	计量单位	数 量		单 价	金 额	备 注
				请 领	实 发			
102001	原材料	润滑油	千克	10.00	10.00	50.00	500.00	
用途	修理耗用					合　计	500.00	

领料单位负责人：王一明　　　　　发料：张小洁　　　　　领料：李锦

表 3-18

淮南机械制造有限公司

领 料 单

编号：3009

领料单位：修理车间　　　　　2015 年 3 月 22 日　　　　　仓库：3 号库

材料编号	材料类别	材料名称	计量单位	数 量		单 价	金 额	备 注
				请 领	实 发			
302002	原材料	轴承	套	5.00	5.00	150.00	750.00	
用途	修理耗用					合　计	750.00	

领料单位负责人：王一明　　　　　发料：王林　　　　　领料：李锦

表 3-19

淮南机械制造有限公司

领 料 单

编号：3010

领料单位：三车间　　　　　2015 年 3 月 22 日　　　　　仓库：3 号库

材料编号	材料类别	材料名称	计量单位	数 量		单 价	金 额	备 注
				请 领	实 发			
302002	周转材料	包装物	包	180.00	180.00	30.00	5 400.00	
用途	生产 A001 和 A002 产品共同耗用					合　计	5 400.00	

领料单位负责人：张华　　　　　发料：王林　　　　　领料：石玉

表 3-20

淮南机械制造有限公司

领 料 单

编号：3011

领料单位：三车间　　　　　　2015 年 3 月 24 日　　　　　　仓库：1 号库

材料编号	材料类别	材料名称	计量单位	数量 请领	数量 实发	单价	金额	备注
102001	原材料	润滑油	千克	100.00	100.00	50.00	5 000.00	
用途	一般耗用					合计	5 000.00	

领料单位负责人：李明　　　　　　发料：王林　　　　　　领料：石玉

【实训要求】

1. 编制材料费用分配表（见表 3-21 至表 3-29）。两种产品共同耗用的费用分配标准：原料及主要材料、辅助材料、燃料按产品重量标准分配，其中 A001 每台 1 吨，A002 每台 1.5 吨。外购件和包装物以完工产品数量为标准，其中 A001 完工数量为 100 台，A002 完工数量为 80 台。

表 3-21

淮南机械制造有限公司材料费用分配表

年　月　日

编号：002

部门：　　　　　　　　　　　　材料名称：　　　　　　　　　　　金额单位：

产品	分配标准 产量/台	分配标准 定额耗用量	分配标准 总定额	分配率	分配金额	备注
合计						

主管：　　　　　　　　制表：　　　　　　　　复核：

表 3-22

淮南机械制造有限公司材料费用分配表

年　月　日

编号：002

部门：　　　　　　　　　　　　材料名称：　　　　　　　　　　　金额单位：

产品	分配标准 产量/台	分配标准 定额耗用量	分配标准 总定额	分配率	分配金额	备注
合计						

主管：　　　　　　　　制表：　　　　　　　　复核：

表3-23

淮南机械制造有限公司材料费用分配表

年　月　日

部门：　　　　　　　　　　　　　　　材料名称：　　　　　　　　　　　编号：002
　　　　　　　　　　　　　　　　　　　　　　　　　　　　　　　　　金额单位：

产　品	分配标准			分配率	分配金额	备　注
	产量/台	定额耗用量	总定额			
合　计						

主管：　　　　　　　　　　　　　制表：　　　　　　　　　　　　　复核：

表3-24

淮南机械制造有限公司材料费用分配表

年　月　日

部门：　　　　　　　　　　　　　　　材料名称：　　　　　　　　　　　编号：002
　　　　　　　　　　　　　　　　　　　　　　　　　　　　　　　　　金额单位：

产　品	分配标准			分配率	分配金额	备　注
	产量/台	定额耗用量	总定额			
合　计						

主管：　　　　　　　　　　　　　制表：　　　　　　　　　　　　　复核：

表3-25

淮南机械制造有限公司材料费用分配表

年　月　日

部门：　　　　　　　　　　　　　　　材料名称：　　　　　　　　　　　编号：002
　　　　　　　　　　　　　　　　　　　　　　　　　　　　　　　　　金额单位：

产　品	分配标准			分配率	分配金额	备　注
	产量/台	定额耗用量	总定额			
合　计						

主管：　　　　　　　　　　　　　制表：　　　　　　　　　　　　　复核：

表 3-26

淮南机械制造有限公司材料费用分配表

年　月　日

编号：002

部门：　　　　　　　　　　　　　材料名称：　　　　　　　　　　　　金额单位：

产品	分配标准			分配率	分配金额	备注
	产量/台	定额耗用量	总定额			
合　计						

主管：　　　　　　　　　　　制表：　　　　　　　　　　　　复核：

表 3-27

淮南机械制造有限公司材料费用分配表

年　月　日

编号：002

部门：　　　　　　　　　　　　　材料名称：　　　　　　　　　　　　金额单位：

产品	分配标准			分配率	分配金额	备注
	产量/台	定额耗用量	总定额			
合　计						

主管：　　　　　　　　　　　制表：　　　　　　　　　　　　复核：

表 3-28

淮南机械制造有限公司材料费用分配表

年　月　日

编号：002

部门：　　　　　　　　　　　　　材料名称：　　　　　　　　　　　　金额单位：

产品	分配标准			分配率	分配金额	备注
	产量/台	定额耗用量	总定额			
合　计						

主管：　　　　　　　　　　　制表：　　　　　　　　　　　　复核：

表 3-29

淮南机械制造有限公司材料费用分配表

年　月　日

编号：002

部门：　　　　　　　　　　　　　材料名称：　　　　　　　　　　　　金额单位：

产品	分配标准			分配率	分配金额	备注
	产量/台	定额耗用量	总定额			
合　计						

主管：　　　　　　　　　　　制表：　　　　　　　　　　　　复核：

2. 编制"发出材料汇总分配表"，并据以编制记账凭证，见表3-30和表3-31。

表3-30

淮南机械制造有限公司发出材料汇总分配表

年　月　日

借记账户	领料部门		原料及主要材料	辅助材料	燃　料	外购件	包装物	合　计
基本生产成本	一车间	A001						
		A002						
	二车间	A001						
		A002						
	三车间	A001						
		A002						
辅助生产成本	供电车间							
	机修车间							
制造费用	一车间							
	二车间							
	三车间							
管理成本	厂　部							
合　计								

主管：　　　　　　　　制表：　　　　　　　　复核：

表3-31

记　账　凭　证

年　月　日　　　　　　　　　　　　编号：

摘　要	科目名称		借方金额	贷方金额	记账符号
	总账科目	明细科目			
附件　张	合　计				

会计主管：　　　　记账：　　　　　制单：　　　　　复核：

实训二　燃料及动力费用归集与分配

【实训目的】

通过本实训熟悉外购动力费用的发生和凭证传递程序，掌握动力费用的归集和分配方法及相应的账务处理方法。

【实训说明】

外购动力费用是指外部购买的各种动力，如电力、热力等所支付的费用。企业外购的各种动力，按照会计核算程序，理应在付款时按用途计入各有关成本、费用账户，贷记"银行存款"账户。但外购动力费用在实际工作中往往是先用后付，也就是本月发生的动力费用下月才支付，而企业进行成本核算的会计期间是以月份为基础进行。因此，按照权责发生制的记账要求，企业必须在每月月末自行抄录计量仪表上反映耗用动力的数量，以确认该期发生的动力成本，从而借记有关成本、费用账户，贷记"应付账款"账户。

企业为了便于归集各不同部门的外购动力费用，可根据需要在各部门安装计量仪表，到时根据各部门耗用动力的数量，将其乘以外购动力费用的单价，即可确定各账户应归集的金额。

【实训资料】

淮南机械制造有限公司各月发生的外购动力费用以当月实际支付的动力费用为准，在各使用动力的部门之间进行分配。

1. 2015 年 3 月 2 日该公司取得开户银行转来网银结算凭证（支款通知），收到供电公司开来的增值税专用发票，见表 3-32 和表 3-33。

表 3-32

付款回单

日期：2015 年 3 月 2 日　　　业务类型：支转　　流水号：GT220523142
付款账号：381405521435544
户名：淮南机械制造有限公司
开户行：招商银行淮南分行太行路支行
金额（大写）：叁万伍仟壹佰元整
（小写）：35 100.00
收款人户名：淮南市供电公司
收款人账号：05106122100987654
收款人开户行：中国工商银行淮南支行
类别：材料款　　　　　　　　　　　　业务编号：20161514134

经办：G785422　　　　　第 1 次打印（盖章有效）

表 3-33

淮南市增值税专用发票　　　　　　No. 67775991

发 票 联　　　　开票日期：2015 年 3 月 31 日

购货单位	名　　　称：淮南市机械制造有限公司 纳税人识别号：210402123456789 地址电话：淮南市顺城区大江路 8 号 开户行及账号：工行淮南支行 05106121009876543			密码区			
货物或应税劳务名称	规格型号	单位/度	数量 25 000	单价 1.20	金额 30 000.00	税率 17%	税额 5 100.00
工业用电							
合　计					¥30 000.00		¥5 100.00
价税合计（大写）	⊕叁万伍仟壹佰元整			（小写）¥35 100.00			
销货单位	名　　　称：淮南市供电公司 纳税人识别号：2106031532102880 地址电话：淮南市新开区文化街 19 号　23455432 开户行及账号：工行淮南支行 05101234009876345			备注			

收款人：　　　复核：　　　开票人：李刚　　　销货单位：（章）

第三联：票联　购货方记账凭证

2. 2015 年 3 月份该厂各部门耗用的电力数据如表 3-34 所示。

表 3-34

淮南机械制造有限公司用电报告单
2015 年 3 月 31 日

用电部门	一车间		二车间		三车间		供电车间	机修车间	厂部	合　计
	动力用电	照明用电	动力用电	照明用电	动力用电	照明用电				
用电度数	5 000	1 500	6 000	1 000	5 000	1 500	1 200	800	3 000	25 000

主管：刘月　　　　　　　　　制表：李平　　　　　　　　　复核：司马亮

【实训要求】

1. 编制外购动力费用分配表（见表 3-35）。其中基本生产车间的动力用电费用以定额工时为分配标准分配计入两种产品成本，其中 A001 产品的总定额工时为 10 000 小时，A002产品的总定额工时为 8 000 小时。

表 3-35

淮南机械制造有限公司外购动力费用汇总分配表
2015 年 3 月 31 日

用电部门		应借科目		成本项目	分配金额
		总账科目	明细科目		
一车间	动力	A001			
		A002			
	照明				
二车间	动力	A001			
		A002			
	照明				
三车间	动力	A001			
		A002			
	照明				
供电车间					
机修车间					
企业管理部门					
合　计					

主管：　　　　　　　　　制表：　　　　　　　　　复核：

2. 根据外购动力成本分配表编制记账凭证，见表 3-36 和表 3-37。

表 3-36

记　账　凭　证
年　　月　　日　　　　　　　　　　　　　编号：

摘　要	科目名称		借方金额	贷方金额	记账符号
	总账科目	明细科目			
附件　　张	合　计				

会计主管：　　　　记账：　　　　　　制单：　　　　　　　复核：

表 3-37

记 账 凭 证

年　　月　　日　　　　　　　　　　编号：

摘　　要	科目名称		借方金额	贷方金额	记账符号
	总账科目	明细科目			
附件　　张	合　　计				

会计主管：　　　　　记账：　　　　　制单：　　　　　　　　复核：

实训三　人工费用归集与分配

【实训目的】

通过本实训熟悉人工费用的发生和凭证传递程序，掌握人工费用的归集和分配方法及相应的账务处理方法。

【实训说明】

淮南机械制造有限公司基本生产车间生产工人实行集体计件工资制，其他辅助生产车间工人及管理人员实行计时工资制。基本生产车间生产工人的计件工资额由该企业人事部门根据当月完成的计件产量、计件单价等有关资料计算后，通知财务部门，由工资核算员根据计件工资额、职工出勤情况等按部门编制"工资结算单"，作为工资核算的原始依据。其他辅助生产工人和管理人员的计时工资及计提的五险一金等间接费用，也由工资核算员根据职工出勤记录等计算后，按部门编制"工资结算单"，并与计件工资一起编制"工资结算汇总表"，然后再据以编制"职工薪酬分配表"分配人工成本，并进行相应的账务处理。

在实训过程中，我们只计算一车间的薪酬费用，二车间、三车间及其他辅助生产车间工人和管理人员的薪酬不再体现计算过程。

【实训资料】

淮南机械制造有限公司生产 A001 和 A002 两种产品。2015 年 3 月两种产品的实际生产工时分别为 5 400 小时和 4 600 小时；应付职工工资总额为 120 000 元，其中，产品生产工人工资为 100 000 元，车间管理人员工资为 6 000 元，公司部门管理人员工资为 14 000 元。根据有关规定，职工医疗保险费、养老保险费、失业保险费、工伤保险费和生育保险费等社会保险费计提比例分别为工资总额的 8%、20%、2%、1% 和 1%；工会经费和职工教育经费计提比例分别为工资总额的 2% 和 1.5%；职工福利费按照实际发生额计入相关资产成本或者当期损益，本月职工福利费实际发生额为 6 300 元，其中产品生产工人为 3 850 元，车间管理人员为 670 元，厂部管理人员为 1 780 元。其他资料见表 3-38 和表 3-39。

1. 一车间 2015 年 3 月完成的计件产量情况如表 3-38 所示。

表 3-38

一车间铸铁件计件产量记录

2015 年 3 月

产 品 名 称	计 件 工 资		
	计件产量	计件单价	计件工资
铸铁件	200	180	36 000

2. 2015 年 3 月该公司一车间生产工人的工资标准和实际出勤工时记录如表 3-39 所示。

表 3-39

一车间生产工人工资标准及工时记录表

2015 年 3 月

序　号	姓　　名	工资标准	实际工时
1	王明	2 000	160
2	赵春雨	1 800	150
3	孙政	1 600	150
4	李彦	1 600	160
5	周小明	1 600	150
6	杨柳	1 600	160
7	杨明光	1 600	150
8	史新元	1 500	160
9	赵丽霞	1 500	160
10	陈胜	1 500	160
11	赵芳菲	1 500	160
12	余则成	1 400	160
合　　计		19 200	1 880

主管：　　　　　　　　　　制表：　　　　　　　　　　复核：

【实训要求】

1. 编制一车间生产工人集体计件工资分配表，见表 3-40，其中，分配标准为各生产工人的月工资标准与出勤工时的复合分配标准。

表 3-40

一车间生产工人集体计件工资分配表

序　号	姓　　名	工资标准	实际工时	分配标准	分配率	工资额
1	王明	2 000	160			
2	赵春雨	1 800	150			
3	孙政	1 600	150			
4	李彦	1 600	160			
5	周小明	1 600	150			
6	杨柳	1 600	160			
7	杨明光	1 600	150			
8	史新元	1 500	160			
9	赵丽霞	1 500	160			
10	陈胜	1 500	160			
11	赵芳菲	1 500	160			
12	余则成	1 400	160			
合　　计		19 200	1 880			

主管：　　　　　　　　　　制表：　　　　　　　　　　复核：

2. 编制社会保险费计算表。见表 3-41。

表 3-41

社会保险费计算表

2015 年 3 月 金额单位：元

车间或部门 （人员类别）	工 资 总 额	医疗保险费 （8%）	养老保险费 （20%）	失业保险费 （2%）	工伤保险费 （1%）	生育保险费 （1%）	合　计
产品生产工人							
车间管理人员							
厂部管理人员							
合　计							

主管： 制表： 复核：

3. 编制住房公积金、工会经费、职工教育经费计算表，见表 3-42。

表 3-42

住房公积金、工会经费、职工教育经费计算表

2015 年 3 月 金额单位：元

车间或部门 （人员类别）	工 资 总 额	住房公积金 （4%）	工 会 经 费 （2%）	职工教育经费 （1.5%）
产品生产工人				
车间管理人员				
厂部管理人员				
合　计				

主管： 制表： 复核：

4. 编制应付职工薪酬汇总表，见表 3-43。

表 3-43

应付职工薪酬汇总表

2015 年 3 月 金额单位：元

车间或部门 （人员类别）	产品生产工人	车间管理人员	厂部管理人员	合　计
1. 工资总额				
2. 职工福利费				
3. 社会保险费				
医疗保险费				
养老保险费				
失业保险费				
工伤保险费				
生育保险费				
4. 住房公积金				
5. 工会经费				
6. 职工教育经费				
合　计				

主管： 制表： 复核：

5. 采用生产工时分配法分配本月直接人工成本，编制直接人工成本分配表。见表3-44。

表3-44

直接人工成本分配表（生产工时分配法）

2015 年 3 月 金额单位：元

产 品 名 称	实际生产工时/时	分 配 率	分 配 金 额
A001 产品			
A002 产品			
合　　计			

主管： 制表： 复核：

6. 编制分配结转本月应付职工薪酬的记账凭证，见表3-45。

表3-45

记 账 凭 证

年　　月　　日 编号：

摘　　要	科 目 名 称		借方金额	贷方金额	记账符号
	总账科目	明细科目			
附件　张	合　　计				

会计主管： 记账： 制单： 复核：

实训四 折旧费用归集与分配

【实训目的】

通过本实训熟悉折旧费用的计提和有关凭证传递程序，掌握折旧费用的归集和分配方法及相应的账务处理方法。

【实训说明】

江阳机械制造有限公司折旧费用的归集是通过编制企业折旧费用计算表来完成的，而企业折旧费用计算表是对各车间、部门折旧计算明细表的汇总。企业固定资产折旧采用"月初法"计提，即当月增加的固定资产，当月不计提折旧，从下月起计提折旧；当月减少的固定资产，当月计提折旧，从下月起不再计提。计算公式如下：

某月折旧费用 = 上月折旧费用 + 上月增加固定资产应计折旧费用 –

上月减少固定资产应计折旧费用

生产车间的固定资产折旧费用属于间接费用，在会计核算中先通过"制造费用"账户归集，月末再随制造费用一起分配计入产品成本。其他部门的固定资产折旧费用按固定资产的使用地点和保管部门计入相关成本中。

在折旧计算上，江阳机械制造有限公司全部按部门将固定资产分类，采用平均年限法计算出相应的折旧率再计算计提。

【实训资料】

江阳机械制造有限公司 2015 年 3 月各部门的固定资产折旧计算明细表见表 3-46 至表 3-51。

表 3-46

固定资产折旧计算明细表

部门：一车间　　　　　　　　　　　　　　2015 年 3 月　　　　　　　　　　　　　　单位：元

类　别	月初固定资产原值	月折旧率	上月折旧额	上月增加固定资产原值	上月减少固定资产原值	应增减折旧额	本月折旧额
房屋及建筑物	2 000 000	0.50%	—	—	—		
机器设备	850 000	1.50%		16 000	10 000		
其他固定资产	40 000	1%					
合　计	2 890 000	—		16 000	10 000		

主管：　　　　　　　　　审核：　　　　　　　　　　　　　　制表：

表 3-47

固定资产折旧计算明细表

部门：二车间　　　　　　　　　　　　　　2015 年 3 月　　　　　　　　　　　　　　单位：元

类　别	月初固定资产原值	月折旧率	上月折旧额	上月增加固定资产原值	上月减少固定资产原值	应增减折旧额	本月折旧额
房屋及建筑物	2 000 000	0.50%	—	—	—		
机器设备	1 050 000	1.50%		15 000	8 000		
其他固定资产	20 000	1%					
合　计	3 070 000	—		15 000	8 000		

主管：　　　　　　　　　审核：　　　　　　　　　　　　　　制表：

表 3-48

固定资产折旧计算明细表

部门：三车间　　　　　　　　　　　　　　2015 年 3 月　　　　　　　　　　　　　　单位：元

类　别	月初固定资产原值	月折旧率	上月折旧额	上月增加固定资产原值	上月减少固定资产原值	应增减折旧额	本月折旧额
房屋及建筑物	2 400 000	0.50%	—	—	—		
机器设备	740 000	1.50%		12 000	9 000		
其他固定资产	32 000	1.50%					
合　计	3 172 000	—		12 000	9 000		

主管：　　　　　　　　　审核：　　　　　　　　　　　　　　制表：

表 3-49

固定资产折旧计算明细表

部门：供电车间　　　　　　　　2015 年 3 月　　　　　　　　单位：元

类　别	月初固定资产原值	月折旧率	上月折旧额	上月增加固定资产原值	上月减少固定资产原值	应增减折旧额	本月折旧额
房屋及建筑物	400 000	0.50%		—	—		
机器设备	100 000	1.50%		—	8 000		
其他固定资产	20 000	1%					
合　计	520 000	—			8 000		

主管：　　　　　　　　　　审核：　　　　　　　　　　制表：

表 3-50

固定资产折旧计算明细表

部门：机修车间　　　　　　　　2015 年 3 月　　　　　　　　单位：元

类　别	月初固定资产原值	月折旧率	上月折旧额	上月增加固定资产原值	上月减少固定资产原值	应增减折旧额	本月折旧额
房屋及建筑物	200 000	0.50%		—	—		
机器设备	650 000	1.50%		20 000	10 000		
其他固定资产	10 000	1%					
合　计	860 000	—		20 000	10 000		

主管：　　　　　　　　　　审核：　　　　　　　　　　制表：

表 3-51

固定资产折旧计算明细表

部门：管理部门　　　　　　　　2015 年 3 月　　　　　　　　单位：元

类　别	月初固定资产原值	月折旧率	上月折旧额	上月增加固定资产原值	上月减少固定资产原值	应增减折旧额	本月折旧额
房屋及建筑物	100 000	0.50%		—	—		
办公设备	750 000	1.20%		12 000	6 000		
合　计	850 000	—		12 000	6 000		

主管：　　　　　　　　　　审核：　　　　　　　　　　制表：

【实训要求】

1. 计算各部门 2015 年 3 月应计提的固定资产折旧额，填入表 3-46 至表 3-51 各部门固定资产折旧计算明细表。

2. 根据各部门折旧计算表，编制该厂固定资产折旧计算汇总分配表，见表 3-52。

表 3-52

桂南机械厂固定资产折旧计算汇总分配表

2015 年 3 月　　　　　　　　　　　　　　单位：元

应借科目	车间、部门	本月折旧额
制造费用	一车间	
	二车间	
	三车间	
	小计	
辅助生产成本	供电车间	
	机修车间	
	小计	
管理费用	行政管理部门	
合　　计		

主管：　　　　　　　　审核：　　　　　　　　　　　制表：

3. 根据固定资产折旧计算汇总分配表编制记账凭证，见表 3-53。

表 3-53

记 账 凭 证

年　月　日　　　　　　　　　　　　　　编号：

摘　要	科 目 名 称		借方金额	贷方金额	记账符号
	总账科目	明细科目			
附件　张	合　　计				

会计主管：　　　　　　　记账：　　　　制单：　　　　　　　复核：

实训五　制造费用归集与分配

【实训目的】

通过本实训熟悉制造费用的发生和凭证传递程序，掌握制造费用的归集和分配方法及相应的账务处理方法。

【实训说明】

制造费用是指企业内部各生产单位如车间、不独立核算的分厂等为组织和管理生产活动而发生的各种费用，包括车间管理人员工资、福利费、保险费和住房公积金；固定资产折旧费；办公费、劳保费、水电费等。

这些费用因项目繁多，发生的次数及金额少，企业生产单位平时发生时不直接记入"基本生产成本"账户，而是先在"制造费用"账户的借方进行归集，等到期末，再将所归集的制造费用总额，按照适当的分配标准分配记入"基本生产成本"账户明细账的"制造费用"成本项目中。

制造费用的分配方法常用的有：直接人工工时分配法、机器工时分配法、直接工资分配法、计划分配率法等。各种分配方法之间主要区别在于分配标准的不同。

一、按生产工时比例分配法分配制造费用

【实训资料】

淮南机械制造有限公司 2015 年 3 月一车间制造费用明细账归集的制造费用，见表3-54。

表3-54

制造费用明细账

部门：一车间　　　　　　　　　　　　　　　　　　　　　　　单位：元

年 月	年 日	凭证字号	摘　要	人工费	材料费	修理费	折旧费	水电费	其他	合　计
3	31	略	人工费用分配表	5 000						
	31	略	材料费用分配表		1 000					
	31	略	辅助费用分配表			1 780				
	31	略	折旧费用分配表				2 420			
	31	略	电力费用分配表					2 000		
	31	略	其他支出						800	
	31		本期合计	5 000	1 000	1 780	2 420	2 000	800	13 000
	31		月末结转							

【实训要求】

1. 该公司基本生产车间生产 A1001、A1002 两种产品，以产品的定额工时为分配标准在两种产品之间分配所归集的制造费用，A1001 产量为 100 台，工时定额为 12 小时；A1002 产量为 80 台，工时定额为 10 小时，编制制造费用分配表，见表3-55。

表3-55

一车间制造费用分配表
2015 年 3 月 31 日

项　目 总账科目	项　目 明细科目	实际产量/台	定额工时/时	分配率/元/时	分配金额/元
基本生产成本	A1001				
	A1002				
合　计					

会计主管：　　　　　　　　　制表：　　　　　　　　　复核：

2. 编制制造费用分配的记账凭证，见表3-56。

表 3-56

记账凭证

年 月 日 编号：

摘 要	科目名称		借方金额	贷方金额	记账符号
	总账科目	明细科目			
附件 张	合 计				

会计主管： 记账： 制单： 复核：

二、按计划分配率法分配制造费用

【实训资料】

淮南机械制造有限公司 2015 年度一车间制造费用计划数为 147 000 元，全年计划产量：A1001 产品为 1 000 台，A002 产品为 900 台；A1001 产品的定额工时为 12 时/台，A1002 产品的定额工时为 10 时/台；本月实际产量：A1001 产品为 1 00 台，A1002 产品为 80 台；本月实际发生的制造费用见表 3-54。

【实训要求】

1. 计算计划年度分配率，编制制造费用分配表。

（1）计划年度分配率。

（2）编制制造费用分配表，见表 3-57。

表 3-57

一车间制造费用分配表

2015 年 3 月 31 日

项 目		实际产量/台	定额工时/时	计划分配率/（元/时）	分配金额/元
总账科目	明细科目				
基本生产成本	A1001				
	A1002				
合 计					

会计主管： 制表： 复核：

2. 编制制造费用分配的记账凭证，见表 3-58。

表 3-58

记 账 凭 证
年　月　日

编号：

摘　要	科 目 名 称		借方金额	贷方金额	记账符号
	总账科目	明细科目			
附件　张	合　　计				

会计主管：　　　　　　记账：　　　　　制单：　　　　　　复核：

【实训提示及参考答案】

实训一提示

分配 A001 产品和 A002 产品共同耗用的材料。如果分配率四舍五入，A002 产品分配的金额为总金额减去 A001 产品分配的金额。

（1）一车间生铁分配表，见表 3-59。

表 3-59

淮南机械制造有限公司材料成本分配表
2015 年 3 月 31 日

部门：一车间　　　　　　　材料名称：生铁　　　　　　　金额单位：元　　编号：002

产　品	分 配 标 准			分 配 率	分配金额	备　注
	产量/台	定额耗用量	总 定 额			
A001	100	1	100		23 636	
A002	80	1.50	120		28 364	
合　　计			220	236.36	52 000	

主管：签章　　　　　　制表：签章　　　　　　复核：签章

（2）一车间煤炭分配率为 130。A001 产品为 13 000 元，A002 产品为 15 600 元。

（3）二车间圆钢分配率为 160。A001 产品为 16 000 元，A002 产品为 19 200 元。

（4）二车间角钢分配率为 172.73。A001 产品为 17 273 元，A002 产品为 20 727 元。

（5）三车间标准件分配率为 300。A001 产品为 30 000 元，A002 产品为 24 000 元。

（6）三车间电机分配率为 500。A001 产品为 50 000 元，A002 产品为 40 000 元。

（7）三车间外购件分配率为 200。A001 产品为 20 000 元，A002 产品为 16 000 元。

（8）三车间油漆分配率为 37.27。A001 产品为 3 727 元，A002 产品为 4 473 元。

（9）三车间包装物分配率为 30。A001 产品为 3 000 元，A002 产品为 2 400 元。

会计处理如下。

借：基本生产成本——A001 产品　　　　　　　　　　　　256 636
　　　　　　　　　——A002 产品　　　　　　　　　　　　178 764
　　辅助生产成本——供电车间　　　　　　　　　　　　　7 000
　　　　　　　　　——机修车间　　　　　　　　　　　　　1 250
　　制造费用　　　　　　　　　　　　　　　　　　　　　　5 000
　　管理费用　　　　　　　　　　　　　　　　　　　　　　12 000
　贷：原材料　　　　　　　　　　　　　　　　　　　　　　　　　460 650

实训二提示

第一步，先在各部门之间分配电费，电费分配率为 1.2 元/度。

第二步，在各车间的产品之间分配各车间生产用电，产品用电分配率为：

一车间分配率 = 6 000 ÷ (10 000 + 8 000) ≈ 0.333，同理，二车间分配率为 0.4，三车间分配率为 0.333。

实训三提示

1. 分配表的复合分配标准 = ∑(工资标准 × 实际工时)，用 36 000 元除以复合分配标准即计算出分配率，后进行分配。具体参照书中案例。

2. 社会保险费计算表、住房公积金、工会经费、职工教育经费计算表按所有员工的工资即产品生产工人工资 100 000 元，车间管理人员工资 6 000 元，公司部门管理人员工资 14 000元计提。

3. 在直接人工成本分配表中，分配率为表 3-43 中产品生产工人的薪酬合计除以 (5 400 + 4 600)。

4. 记账凭证的编制参照书中案例。

实训四提示

先填制折旧明细表。

上月折旧额 = 月初固定资产原值 × 月折旧率

应增减折旧额 = (上月增加的固定资产原值 – 上月减少的固定资产原值) × 月折旧率

(应增减折旧额：增加用"+"表示，减少用"–"表示)

本月折旧额 = 上月折旧额 + 应增减折旧额

实训五提示

一、按生产工时比例分配法分配制造费用，见表 3-60。

表 3-60

一车间制造费用分配表

2015 年 3 月 31 日

项　目		实际产量/台	定额工时/时	分配率/ (元/时)	分配金额/元
总账科目	明细科目				
基本生产成本	A1001	100	1 200		7 800
	A1002	80	800		5 200
合　计			2 000	6.50	13 000

会计主管：(签章)　　　　　　　制表：(签章)　　　　　　复核：(签章)

二、按计划分配率法分配制造费用，见表 3-61。

表 3-61

一车间制造费用分配表

2015 年 3 月 31 日

项 目		实际产量/台	定额工时/时	计划分配率/（元/时）	分配金额/元
总账科目	明细科目				
基本生产成本	A1001	100	1 200		8 400
	A1002	80	800		5 600
合 计			2 000	7	14 000

会计主管：（签章）　　　　　　　制表：（签章）　　　　　　　复核：（签章）

第四章 辅助生产费用的归集与分配

项目一 基本知识训练

一、单项选择题

1. 将辅助生产车间发生的各项费用直接分配给辅助生产车间以外的单位，这种分配方法为（　　）。

    A. 计划成本分配法   B. 直接分配法   C. 代数分配法   D. 一次交互分配法

2. 下列分配方法中，分配结果最为准确的是（　　）。

    A. 计划成本分配法   B. 直接分配法   C. 代数分配法   D. 一次交互分配法

3. 辅助生产成本的交互分配法，其交互分配是在（　　）。

    A. 各受益单位之间进行分配

    B. 各受益辅助生产车间之间进行分配

    C. 辅助生产车间以外的各受益单位之间进行分配

    D. 各受益生产车间之间进行分配

4. 下列辅助生产成本明细账中，可能有期末余额的是（　　）。

    A. 提供材料的辅助生产车间的生产成本明细账

    B. 提供水、电服务的辅助生产车间的生产成本明细账

    C. 提供运输服务的辅助生产车间的生产成本明细账

    D. 提供修理服务的辅助生产车间的生产成本明细账

5. 下列不计入辅助生产成本的费用是（　　）。

    A. 辅助生产车间领用的材料

    B. 辅助生产车间人员的工资

    C. 辅助生产车间人员的加班费

    D. 生产车间领用的有助于产品形成的辅助材料

6. 辅助生产费用分配采用计划成本分配法结算出的辅助生产成本差异，为简化核算一般可全部记入（　　）账户。

    A. 辅助生产成本   B. 制造费用   C. 基本生产成本 D. 管理费用

二、多项选择题

1. 辅助生产费用的分配方法有（　　）。

    A. 计划成本分配法   B. 直接分配法   C. 代数分配法   D. 一次交互分配法

2. 下列分配方法中，包括辅助生产车间的全部受益单位的分配方法有（　　）。

    A. 计划成本分配法   B. 直接分配法   C. 代数分配法   D. 一次交互分配法

3. 辅助生产成本的分配采用直接分配法的前提条件包括（　　）。

    A. 辅助生产车间之间不相互提供劳务

  B. 辅助生产车间之间相互提供劳务不多，对成本影响不大

  C. 辅助生产车间之间相互提供劳务较多，但劳务成本相差不大

  D. 以上都是

4. 辅助生产成本的分配采用计划分配法的优点是（　　　　）。

  A. 简化了计算工作量

  B. 能考核和反映辅助生产成本计划的完成情况

  C. 有利于分清企业内部各单位的经济责任

  D. 计算结果最为准确

5. 辅助生产费用按一定标准分配给各受益对象，可借记的账户有（　　　　）。

  A. 基本生产成本　　　　B. 管理费用　　　　C. 销售费用　　　　D. 制造费用

三、判断题

1. 辅助生产车间发生的制造费用，一般情况下，可以直接记入"辅助生产成本"账户。

                      （　　　　）

2. 辅助生产费用的交互分配法，先进行辅助生产车间之间的交互分配，然后对外分配。

                       （　　　　）

3. 采用直接分配法分配辅助生产费用，有时也应考虑各辅助生产车间之间的分配。

                       （　　　　）

4. 辅助生产车间提供的产品和劳务，都是为基本生产车间和企业管理部门使用和服务的。

                       （　　　　）

5. "辅助生产成本"账户期末无余额。

                       （　　　　）

6. 采用一次交互分配法，交互分配之后的待分配费用，应全部分配给其他受益对象。

                       （　　　　）

7. 采用计划分配法分配辅助生产费用，计划成本与实际成本的差额期末一次转入"管理费用"中。

                       （　　　　）

8. 四种分配方法中，一次交互分配法的分配结果最为准确。　　　　　　　　（　　　　）

项目二　综合能力训练

实训　辅助生产费用归集与分配

【实训目的】

  通过本实训熟悉辅助生产费用的发生和凭证传递程序，掌握辅助生产费用的归集和分配方法及相应的账务处理方法。

【实训说明】

  辅助生产费用的归集是指将辅助生产车间发生的费用计入辅助生产成本明细账，辅助生产费用的分配是指将发生的辅助生产费用采取一定的方法分配给各受益部门。江阳机械制造有限公司有供电和机修两个辅助生产车间，主要为本企业基本生产车间和行政管理部门等服务。实际工作中，辅助生产费用的分配方法通常有直接分配法、一次交互分配法、计划成本分配法、代数分配法等。在实训中我们采用直接分配法和一次交互分配法进行分配，可比较

其精确度。

【实训资料】

2015 年 3 月供电车间和机修车间的辅助生产成本明细账见表 4-1 和表 4-2。

表 4-1

供电车间辅助生产成本明细账

部门：供电车间

年		凭证字号	摘　　要	材料费	燃料费	人工费	折旧费	其他	合　　计
月	日								
3	31	略	材料费用分配表	3 500					
	31	略	燃料费用分配表		1 000				
	31	略	人工费用分配表			4 320			
	31	略	折旧费用分配表				2 812		
	31	略	其他支出					680	
	31		本期合计	3 500	1 000	4 320	2 812	680	12 312

表 4-2

机修车间辅助生产成本明细账

部门：机修车间

年		凭证字号	摘　　要	材料费	燃料费	人工费	折旧费	其他	合　　计
月	日								
3	31	略	材料费用分配表	4 500					
	31	略	燃料费用分配表		800				
	31	略	人工费用分配表			5 430			
	31	略	折旧费用分配表				3 670		
	31	略	其他支出					360	
	31		本期合计						14 760

各辅助生产车间供应劳务数量情况见表 4-3。

表 4-3

辅助生产车间供应劳务数量情况表

2015 年 3 月

部　　门			供电车间/度	机修车间/工时
辅助生产车间	供电车间			300
	机修车间		1 000	—
基本生产车间	一车间	生产耗用	4 000	—
		车间一般耗用	200	560
	二车间	生产耗用	5 500	—
		车间一般耗用	300	800

续表

部　门			供电车间/度	机修车间/工时
基本生产车间	三车间	生产耗用	4 400	—
		车间一般耗用	300	700
企业行政管理部门耗用			500	100
合　计			16 200	2 460

【实训要求】

1. 该公司辅助生产费用采用一次交互分配法在各受益部门分配，编制辅助生产费用分配表，见表4-4。

表4-4

辅助生产费用分配表（一次交互分配法）

2015 年 3 月　　　　　　　　　　　　　　金额单位：元

项　目		供电车间			机修车间			合　计
		劳务数量	分配率	分配金额	劳务数量	分配率	分配金额	
待分配辅助生产费用								
交互分配	供电							
	机修							
对外分配辅助生产费用								
一车间	生产产品							
	车间一般耗用							
二车间	生产产品							
	车间一般耗用							
三车间	生产产品							
	车间一般耗用							
厂部行政管理部门								
合　计								

会计主管：　　　　　　　制表：　　　　　　　复核：

2. 基本生产车间的生产产品用电，以产品的定额工时为分配标准在 A001 和 A002 两种产品之间分配。A001 产品的总定额工时为 5 400 小时，A002 产品的定额工时为 4 600 小时，编制生产产品电力费用分配表，见表4-5。

表4-5

生产产品电力费用分配表

2015 年 3 月

项　目		分配标准/时	分配率/(元/时)	分配金额/元
总账科目	明细科目			
基本生产成本	A001			
	A002			
合　计				

主管：　　　　　　　制表：　　　　　　　复核：

3. 编制辅助生产费用分配的记账凭证。

（1）交互分配的账务处理，见表4-6。

表 4-6

记 账 凭 证
年　月　日　　　　　　　　　编号：

摘　要	科目名称		借方金额	贷方金额	记账符号
	总账科目	明细科目			
附件　张	合　计				

会计主管：　　　　　记账：　　　　　制单：　　　　　复核：

（2）对外分配的账务处理，见表4-7。

表 4-7

记 账 凭 证
年　月　日　　　　　　　　　编号：

摘　要	科目名称		借方金额	贷方金额	记账符号
	总账科目	明细科目			
附件　张	合　计				

会计主管：　　　　　记账：　　　　　制单：　　　　　复核：

【实训提示及参考答案】

1. 交互分配率：供电车间交互分配率为0.76，机修车间交互分配率为6。

2. 对外分配率：供电车间对外分配的费用为13 352元，对外分配率为0.878 4。

机修车间对外分配的费用为13 720元，机修车间对外分配率约为6.351 9。

3. A001产品和A002产品应分配的费用为三个车间分配的电力费用的合计数12 209.76元。A001产品分配的电费为6 588.95元，A002产品分配的电费为5 620.81元。

其余计算分配过程参照教材一次交互分配法。

第五章   生产损失的核算

项目一   基本知识训练

一、单项选择题

1. 生产过程中或入库后发现的各种废品损失，不包括（　　）。
   A. 修复废品领用材料　　　　　　　　B. 不可修复废品报废的损失
   C. 修复废品所需人员工资　　　　　　D. 实行"三包"损失

2. 下列各项中，应确认为可修复废品损失的是（　　）。
   A. 返修以前发生的生产成本
   B. 可修复废品的生产成本
   C. 返修过程中发生的修复费用
   D. 可修复废品的生产成本加上返修过程中的修复费用

3. 废品率是以（　　）数量为基础计算的，而不是以实际投入的数量为基础计算的。
   A. 完工合格品　　B. 完工产成品　　C. 实际投入　　D. 期末在产品

4. 实行包退、包修、包换"三包"企业，在产品出售以后发现的废品所发生的一切损失，在财务上应计入（　　）。
   A. 废品损失　　　　B. 营业外支出　　　C. 管理费用　　　D. 基本生产成本

5. "废品损失"账户核算的内容之一是（　　）。
   A. 产品销售后的修理费用
   B. 生产过程中发现的不可修复废品的生产成本
   C. 出售不合格品时降价损失
   D. 库存产品因水灾而变质的损失

6. 不可修复废品应负担的原材料费用为 1 000 元，加工费用为 500 元；收回残料价值为 200 元，应由过失人赔款 300 元，则废品净损失应为（　　）。
   A. 1 000 元　　　　　B. 1 300 元　　　　　C. 1 200 元　　　　　D. 1 500 元

7. 下列各项中，不应核算停工损失的是（　　）。
   A. 机器设备故障发生的大修理　　　　B. 季节性停工
   C. 一个月停工　　　　　　　　　　　D. 停电引起的短暂停工

8. 企业因计划减产，或因停电、待料、机器设备故障而停工，在停工期间所发生的一切成本属于（　　）。
   A. 废品损失　　　　B. 修复费用　　　　C. 停工损失　　　　D. 报废损失

二、多项选择题

1. 可修复废品的确认，必须满足的条件有（　　）。
   A. 经过修理仍不能使用的

B. 所花费的修复费用在经济上合算的

C. 经过修理可以使用的

D. 所花费的修复费用在经济上不合算的

2. 下列各项中，不属于废品损失的有（   ）。

A. 产品入库后由于保管不善等原因而损坏变质的产品

B. 经质量检验部门鉴定不需要返修、可以降价出售的不合格品

C. 入库后发现的不可修复废品的生产成本扣除回收的废品残料价值和应收赔偿款以后的损失

D. 实行三包企业在产品出售后发现的废品

3. 可修复废品是指（   ）的废品。

A. 技术上可修复的   B. 技术上不可修复的

C. 所需修复费用在经济上是合算的   D. 所需的修复费用在经济上是不合算的

4. "废品损失"科目的借方登记（   ）。

A. 可修复废品费用   B. 不可修复废品费用

C. 可修复废品的修复费用   D. 不可修复废品的应收赔款

5. 结转废品损失的会计分录中，对应的借方账户主要有（   ）。

A. 基本生产成本   B. 原材料

C. 其他应收款   D. 银行存款、库存现金等

6. 停工损失是生产车间在停工期间发生的各项费用，包括（   ）。

A. 直接材料   B. 应由过失单位或保险公司负担的赔款

C. 直接人工   D. 制造费用

6. 以下停工应单独核算的有（   ）。

A. 原材料不足造成的停工   B. 季节性生产造成的停工

C. 固定资产修理造成的停工   D. 火灾造成的停工

8. 结转停工损失的会计分录中，对应的借方账户主要有（   ）。

A. 基本生产成本   B. 制造费用   C. 营业外支出   D. 主营业务成本

三、判断题

1. 不可修复废品的生产成本和可修复废品的修复费用，都应在"废品损失"科目的借方进行归集。   （   ）

2. 可修复废品是指经过修理可以使用的废品。   （   ）

3. 可修复废品的修复费用最终将计入产品成本。   （   ）

4. 凡是修复后可以正常使用的废品就是可修复废品。   （   ）

5. 可修复废品返修以前发生的费用，应转出至"废品损失"科目中进行成本核算。

（   ）

6. 废品损失仅指生产原因产生的废品所造成的损失。   （   ）

7. 由于停工待料、电力中断、机械故障等原因造成的停工损失，应计入产品成本。

（   ）

8. 季节性、修理期间的停工损失应计入营业外支出。   （   ）

四、业务练习题

1. 某企业生产的一批 A 产品，验收入库时发现 10 件可修复废品，已修复入库。修复时领用的材料实际成本为 120 元，A 产品在修复过程中耗用工时 20 小时，根据职工薪酬标准，每小时的工资为 10 元，每小时制造费用的分配标准为 3 元。

要求：根据上述资料，编制会计分录。

2. 某企业本月生产的一批 B 产品，共 5 000 件，其中合格品为 4 900 件，不可修复废品为 100 件，不可修复废品中 80 件的加工程度为 50%，20 件是在加工完成验收入库时发现的。本月 B 产品实际生产成本为 456 240 元，其中直接材料为 200 000 元，直接人工为 104 160 元，制造费用为 52 080 元。原材料在开始时一次投入。本月废品残料价值为 2 200 元，已交原材料仓库验收；按规定应由过失人赔偿 600 元。

要求：

（1）按废品所耗实际成本计算和分配废品损失。

（2）假定单位产品直接材料定额为 40 元/件，直接人工定额为 20 元/件，制造费用定额为 10 元/件。按废品所耗定额成本计算和分配废品损失。

3. 某企业一车间 8 月份停工 2 天，在停工期间发生以下成本：直接人工为 2 140 元，应分配的制造费用为 1 360 元。经查明，停工是由于责任事故造成的，应由事故责任人王民赔偿 3 000 元，其余由该车间两种产品按生产工时比例负担，A 产品生产工时为 1 600 小时，B

产品生产工时为 2 400 小时。

　　要求：

　　（1）计算该车间的停工损失；

　　（2）结转 A、B 产品应分配的停工净损失；

　　（3）编制有关会计分录。

项目二　综合能力训练

实训　废品损失归集与分配

【实训目的】

通过本实训熟悉废品损失的发生和凭证传递程序，掌握废品损失的归集和分配方法及相应的账务处理方法。

【实训说明】

废品损失是指由于废品的产生而给企业带来的损失，包括不可修复废品的生产成本和可修复废品的修复费用，废品损失的发生会使企业产品成本上升。

不可修复废品的损失是指废品的成本扣除回收的材料价值与应收赔款后的净损失。不可修复废品的生产成本包括直接材料、直接人工和制造费用等项目。这些成本与同种合格品的成本是同时发生的，已在该种产品的生产成本明细账中进行了登记。因此，应将不可修复废品的生产成本采用一定的方法从产品生产成本明细账中转出来。

可修复废品的修复费用包括材料费用、人工费用和制造费用等，这些成本发生时应根据相关原始凭证归集到"废品损失"账户。材料费用根据"材料成本分配表"归集；人工费用根据"职工薪酬费用分配表"直接或按生产工时等资料分配计入；制造费用根据"制造费用分配表"分配计入。月末将归集的修复费用转入同种产品的"基本生产成本"账户，增加了该种产品的完工产品总成本及单位成本。

本公司单独核算废品损失。

【实训资料】

1. 淮南机械制造有限公司基本生产车间单独核算废品损失。2015 年 3 月该企业二车间产生的废品情况见表 5-1。

表 5-1

废品通知单

部门：二车间   2015 年 3 月

废品名称	计量单位	废品数量	已加工工时/时	报废原因	修复意见
A2001	件	1	10	料废	不可修复
A2002	件	2	8	加工误差	可修复

复核：张工   质检员：刘明

2. 对于操作工人工作失误造成的废品，须由操作工人负责赔偿的部分由质检员和主管根据赔偿规定填写赔偿通知单通知财务部门扣款。该公司铸造车间刘远由于加工失误造成损失的赔偿通知单见表 5-2。

表 5-2

废品损失赔偿通知单

部门：二车间   2015 年 3 月   单位：元

责任人	工种	废品名称	赔偿金额	赔偿原因
刘远	车工	A2002	120	加工失误

复核：张工   质检员：刘工

3. 不可修复废品的残料入库单见表 5-3。

表 5-3

残料入库单

仓库：2 号库   2015 年 3 月   单位：元

废品名称	计量单位	废品数量	单价	金额	用途
A2001	件	1	500	500	残料

复核：张工   质检员：刘远   保管员：方明

4. 该公司不可修复废品采用定额成本确定其废品损失成本，有关定额成本资料见表 5-4。

表 5-4

不可修复废品采用定额成本

部门：二车间   2015 年 3 月

废品名称	计量单位	材料成本定额	动力成本定额	职工薪酬定额	制造费用定额
A2001	件	1 200	100	600	400

5. 根据"材料费用分配表""燃料及动力费用分配表""薪酬费用分配表"和"制造费用分配表"提供的资料，修复可修复废品——A2002 领用材料的实际成本为 500 元，应负担的动力费用为 180 元，应负担的薪酬费用为 100 元、制造费用为 300 元。可修复废品已修复完成。

【实训要求】

1. 要求编制"不可修复废品损失计算表"，见表 5-5。

表 5-5

不可修复废品损失计算表

部门：二车间

产品名称：A2001 废品数量：1 件 单位：元

项 目	直接材料	燃料及动力	直接人工	制造费用	合 计
费用定额					
废品定额成本					
减：回收残值					
减：过失人赔偿					
废品净损失					

财务主管： 制单： 复核：

2. 编制不可修复废品损失归集与分配的有关记账凭证。

（1）结转不可修复废品损失，见表 5-6。

表 5-6

记 账 凭 证

年 月 日 编号：

摘 要	科目名称		借方金额	贷方金额	记账符号
	总账科目	明细科目			
附件 张	合 计				

会计主管： 记账： 制单： 复核：

（2）残料入库，见表 5-7。

表 5-7

记 账 凭 证

年 月 日 编号：

摘 要	科目名称		借方金额	贷方金额	记账符号
	总账科目	明细科目			
附件 张	合 计				

会计主管： 记账： 制单： 复核：

（3）过失人赔偿，见表5-8。

表5-8

记 账 凭 证
年 月 日   编号：

摘　　要	科目名称		借方金额	贷方金额	记账符号
	总账科目	明细科目			
附件　　张	合　　计				

会计主管：　　　　　记账：　　　　　制单：　　　　　复核：

（4）结转废品净损失，见表5-9。

表5-9

记 账 凭 证
年 月 日   编号：

摘　　要	科目名称		借方金额	贷方金额	记账符号
	总账科目	明细科目			
附件　　张	合　　计				

会计主管：　　　　　记账：　　　　　制单：　　　　　复核：

3. 登记不可修复废品的"废品损失"明细账，见表5-10。

表5-10

废品损失明细账

生产部门：二车间　　　　　　　　　　　　　　　　产品名称：A2001

2016年		凭证字号	摘　要	借　方	贷　方	余　额
月	日					
3	31	（略）	废品生产成本			
	31		回收残料价值			
	31		应收赔偿款			
	31		结转废品净损失			
	31		本月合计			

4. 编制可修复废品损失归集与分配的有关记账凭证。

（1）发生的各项费用见表5-11。

表 5-11

记 账 凭 证

年　月　日　　　　　　　　　　编号：

摘　要	科目名称		借方金额	贷方金额	记账符号
	总账科目	明细科目			
附件　张	合　计				

会计主管：　　　　　　记账：　　　　　　制单：　　　　　　复核：

（2）结转废品损失，见表 5-12。

表 5-12

记 账 凭 证

年　月　日　　　　　　　　　　编号：

摘　要	科目名称		借方金额	贷方金额	记账符号
	总账科目	明细科目			
附件　张	合　计				

会计主管：　　　　　　记账：　　　　　　制单：　　　　　　复核：

【综合能力训练提示及参考答案】

1. 不可修复废品损失计算表，见表 5-13。

表 5-13

不可修复废品损失计算表

部门：二车间

产品名称：A2001　　　　　　　废品数量：1 件　　　　　　　单位：元

项　目	直接材料	燃料及动力	直接人工	制造费用	合　计
费用定额	1 200	100	600	400	2 300
废品定额成本	1 200	100	600	400	2 300
减：回收残值	500				500
减：过失人赔偿			120		120
废品净损失	700	100	480	400	1 680

财务主管：张三　　　　　　制单：李四　　　　　　复核：王五

2. 不可修复废品的废品损失明细账，见表5–14。

表 5–14

废品损失明细账

生产部门：二车间　　　　　　　　　　　　　　　　　　　产品名称：A2001

2015 年		凭证字号	摘　要	借　方	贷　方	余　额
月	日					
3	31	（略）	废品生产成本	2 300		2 300
	31		回收残料价值		500	1 800
	31		应收赔偿款		120	1 680
	31		结转废品净损失		1 680	0
	31		本月合计	2 300	1 680	0

3. 可修复废品的核算是根据各种费用分配表进行账务处理的，各种费用分配表的格式和填制方法在前面的实训中已体现，在本实训中不再要求编制，明细账也不再要求登记。记账凭证具体填制参照教材可修复废品的核算。

第六章 生产费用在完工产品与在产品之间的分配

项目一 基础知识训练

一、单项选择题

1. 月末在产品数量较大且各月末在产品数量变化较大，产品中各成本项目费用的比重相差不多的产品，其在产品成本计算应采用（　　）。

    A. 定额成本法　　　　B. 定额比例法　　　　C. 约当产量法　　　　D. 固定成本法

2. 采用约当产量法，原材料费用按完工产品和月末在产品数量分配时具体的条件是（　　）。

    A. 原材料是陆续投入　　　　　　　　B. 原材料是在生产开始时一次性投入

    C. 原材料在产品成本中所占比重大　　D. 原材料按定额投入

3. 分配加工费用时所采用的在产品的完工率是指产品（　　）与完工产品工时定额的比率。

    A. 所在工序的工时定额

    B. 前面各工序工时定额与所在工序工时定额之半的合计数

    C. 所在工序的累计工时定额　　　　D. 所在工序的工时定额之半

4. 某企业产品经过两道工序，各工序的工时定额分别为 30 小时和 40 小时，则第二道工序的完工率为（　　）。

    A. 68%　　　　　　　B. 69%　　　　　　　C. 70%　　　　　　　D. 71%

5. 下列方法中，不属于完工产品与月末在产品之间分配的成本是（　　）。

    A. 约当产量比例法　　　　　　　　B. 不计算在产品成本法

    C. 年度计划分配法　　　　　　　　D. 定额比例法

6. 按完工产品与月末在产品数量比例，分配计算完工产品和月末在产品成本，必须具备下列条件（　　）。

    A. 在产品已接近完工　　　　　　　B. 原材料在生产开始时一次性投料

    C. 在产品原材料费用比重较大　　　D. 各项消耗定额比较准确、稳定

7. 原材料在生产开工时一次投入，月末在产品的投料程度应按（　　）计算。

    A. 100%　　　　　　　　　　　　　B. 50%

    C. 定额耗用量比例　　　　　　　　D. 定额工时比例

8. 约当产量比例法适用于（　　）。

    A. 月末在产品数量较大

    B. 各月末在产品数量变化较大

C. 产品成本中原材料费用和工资等加工费的比重相差不大

D. 以上三条条件都具备

9. 计算月末在产品约当产量的依据是（　　　）。

A. 月末在产品数量

B. 本月完工产品数量

C. 月末在产品数量和完工程度

D. 月末在产品定额成本和定额工时

10. 某种产品经两道工序加工完成。各工序的工时定额分别为 24 小时和 16 小时。各道工序的在产品在本道工序的加工程度按工时定额的 50% 计算。据此计算的第二道工序在产品累计工时定额为（　　　）。

A. 16 小时　　　　　B. 20 小时　　　　　C. 32 小时　　　　　D. 40 小时

二、多项选择题

1. 广义的在产品包括（　　　）。

A. 正在车间加工中的产品

B. 完工入库的自制半成品

C. 已完工但尚未验收入库的产成品

D. 已完工且验收入库的产成品

2. 企业应根据（　　　）的情况，考虑到管理的要求和条件，选择适当的方法计算月末在产品成本。

A. 在产品数量

B. 各月在产品数量变化

C. 各项费用在成本中所占比重

D. 定额管理基础的好坏

3. 在产品成本按所耗原材料费用计算适用于（　　　）的产品。

A. 月末在产品数量较多

B. 各月在产品数量变化较大

C. 直接材料在成本中占的比重较大

D. 定额管理基础较好

4. 以下属于在产品成本计算的方法的有（　　　）。

A. 直接分配法　　　B. 定额比例法　　　C. 约当产量法　　　D. 品种法

5. 采用约当产量比例法，必须正确计算在产品的约当产量，而在产品约当产量的计算正确与否取决于产品完工程度的测定，测定在产品完工程度的方法有（　　　）。

A. 按 50% 平均计算各工序完工率

B. 分工序分别计算完工率

C. 按定额比例法计算

D. 以上三种方法均是

三、判断题

1. 盘亏或毁损的在产品，经批准后均应记入"制造费用"账户。（　　　）

2. 不计算在产品成本法适用于月末没有在产品的产品。（　　　）

3. 采用约当产量法计算月末在产品成本，原材料费用分配时必须考虑原材料的投料方式。（　　　）

4. 月末在产品按定额成本计算，实际成本脱离定额的差异完全由完工产品负担。（　　　）

5. 完工产品与在产品之间成本的分配，如果采用不计算在产品成本的方法，则在产品就视同为完工产品，全部生产成本之和就是完工产品成本。（　　　）

6. 采用在产品按定额成本计价法，由于技术进步，劳动熟练程度提高而降低了当月消耗定额后，反而会使完工产品成本相对提高。（　　　）

7. 采用在产品按固定成本计价法时，每年年末都应实际盘点、计算一次在产品成本。

（　　　）

8. 采用约当产量法分配原材料费用的投料率与分配加工成本的加工率都是通用的。

（　　　）

项目二　综合能力训练

实训一　　约当产量法

【实训目的】

通过本实训熟练掌握约当产量比例法计算分配完工产品与月末在产品成本。

【实训说明】

嘉美机械制造有限责任公司生产 B001、B002、B003 三种机械配件，由于这三种产品月末在产品数量较大，各月末在产品数量变化也较大，产品成本中原材料费用和人工费用等加工费用所占的比重相差不多，为此，对所生产产品完工产品和月末在产品成本采用约当产量法计算分配。采用约当产量划分完工产品和月末在产品成本时，是将月末在产品数量按其完工程度折算为相当于完工产品的数量（即约当产量），然后按完工产品产量与月末在产品约当产量的比例分配计算完工产品成本与月末在产品成本。采用约当产量计算的关键是在产品完工程度和投料程度的正确测定。

在实训过程中，我们只计算第一生产车间的产品，其他车间、辅助车间及管理部门这里不体现。

【实训资料】

嘉美机械制造有限责任公司一车间生产 B001、B002、B003 三种机械配件，生产 B001 一道工序、生产 B002 两道工序、生产 B003 三道工序。2015 年 3 月份有关资料中各产品产量及完工情况如下。

1. 在产品收发结存账见表 6-1 至表 6-6。

表 6-1

在产品收发结存账

产品名称：B001

生产单位：一车间　　　　　　　　　　　　　　　　　　　　　　配件编号：P001

生产工序：第一工序　　　　　　　　　　　　　　　　　　　　　　单位：件

年		摘　要	收　入		转　出			结　存	
月	日		凭证号	数量	凭证号	合格品	废品	完工	未完工
3	1	上月结存							50
	7	本月投产		430					480
	12	完工交出				80			400
	⋮	⋮	⋮	⋮	⋮	⋮	⋮	⋮	⋮
	31	本月合计		920		890			80

表6-2

在产品收发结存账

产品名称：B002

生产单位：一车间
配件编号：P002
生产工序：第一工序
单位：件

年		摘 要	收 入		转 出			结 存	
月	日		凭证号	数量	凭证号	合格品	废品	完工	未完工
3	1	上月结存							40
	8	本月投产		110					150
	12	完工交出				130			20
	⋮	⋮	⋮	⋮	⋮	⋮	⋮	⋮	⋮
	31	本月合计		660		550			150

表6-3

在产品收发结存账

产品名称：B002

生产单位：一车间
配件编号：P002
生产工序：第二工序
单位：件

年		摘 要	收 入		转 出			结 存	
月	日		凭证号	数量	凭证号	合格品	废品	完工	未完工
3	1	上月结存							70
	8	本月投产		130					200
	12	完工交出				150			50
	⋮	⋮	⋮	⋮	⋮	⋮	⋮	⋮	⋮
	31	本月合计		440		480			30

表6-4

在产品收发结存账

产品名称：B003

生产单位：一车间
配件编号：P003
生产工序：第一工序
单位：件

年		摘 要	收 入		转 出			结 存	
月	日		凭证号	数量	凭证号	合格品	废品	完工	未完工
3	1	上月结存							8
	8	本月投产		50					58
	12	完工交出				40			18
	⋮	⋮	⋮	⋮	⋮	⋮	⋮	⋮	⋮
	31	本月合计		95		83			20

表 6-5

在产品收发结存账

产品名称：B003
配件编号：P003

生产单位：一车间
生产工序：第二工序

单位：件

年		摘　要	收　入		转　出			结　存	
月	日		凭证号	数量	凭证号	合格品	废品	完工	未完工
3	1	上月结存							6
	8	本月投产		30					36
	12	完工交出				20			16
	⋮	⋮	⋮	⋮	⋮	⋮	⋮	⋮	⋮
	31	本月合计		92		68			30

表 6-6

在产品收发结存账

产品名称：B003
配件编号：P003

生产单位：一车间
生产工序：第三工序

单位：件

年		摘　要	收　入		转　出			结　存	
月	日		凭证号	数量	凭证号	合格品	废品	完工	未完工
3	1	上月结存							4
	8	本月投产		35					39
	12	完工交出				19			20
	⋮	⋮	⋮	⋮	⋮	⋮	⋮	⋮	⋮
	31	本月合计		74		28			50

2. 产品产量及完工情况。

（1）B001 生产完工只需一道工序，直接材料在生产开始时一次性投入。本月完工产品数量为 920 件，月末未完工在产品数量为 80 件，月末在产品完工程度平均为 30%。

（2）B002 生产完工需两道工序，直接材料在生产过程中陆续投入，但在各工序开始时一次投入。本月完工产品数量为 400 件，各工序材料消耗定额、工时定额及月末在产品数量见表 6-7、表 6-8 和表 6-9。

表 6-7

在产品数量及定额资料

B002	在产品数量/件	材料消耗定额/千克	工时定额/时
第一工序	150	350	60
第二工序	30	150	40
合　计	180	500	100

表 6-8

月初在产品成本

单位：元

产品名称	直接材料	直接人工	制造费用	合 计
B001	3 000	1 200	1 000	5 200
B002	5 200	1 600	1 200	8 000
B003	3 400	2 300	1 400	7 100

表 6-9

本月生产费用

单位：元

产品名称	直接材料	直接人工	制造费用	合 计
B001	18 000	9 800	8 200	36 000
B002	23 800	15 400	13 000	52 200
B003	12 000	6 300	76 00	25 900

（3）B003 生产完工需三道工序，直接材料分工序陆续投入，各工序在产品本工序的投料程度均为 40%。本月完工 500 件，各工序工时定额及月末在产品数量见表 6-10。

表 6-10

在产品数量及定额资料

B003	在产品数量/件	材料消耗定额/千克	工时定额/时
第一工序	20	120	4
第二工序	30	80	4
第三工序	50	50	2
合 计	100	250	10

【实训要求】

1. 根据以上资料，计算各产品月末在产品约当产量。

（1）投料程度。

B001 直接材料项目在产品约当产量计算：

B002 直接材料项目在产品约当产量计算，编制表 6-11。

表 6-11

在产品投料程度及约当产量计算表

产品：B002　　　　　　　　　　年　月　　　　　　　　　计量单位：件

工　序	单位产品投料定额/千克	在产品的投料程度	月末盘存在产品数量	直接材料项目在产品约当产量
第一工序				
第二工序				
合　计				

计算过程：

B003 直接材料项目在产品约当产量计算，编制表 6-12。

表 6-12

在产品投料程度及约当产量计算表

产品：B003　　　　　　　　　　年　月　　　　　　　　　计量单位：件

工　序	单位产品投料定额/千克	在产品的投料程度	月末盘存在产品数量	直接材料项目在产品约当产量
第一工序				
第二工序				
第三工序				
合　计				

计算过程：

（2）加工程度。

B001 直接人工和制造费用项目在产品约当产量计算：

B002 直接人工和制造费用项目在产品约当产量计算，编制表6-13。

表 6-13

在产品加工程度及约当产量计算表

产品：B002　　　　　　　　　　　　年　　月　　　　　　　　　　计量单位：件

工　序	单位产品定额工时/时	在产品的加工程度	月末盘存在产品数量	直接人工和制造费用项目在产品约当产量
第一工序				
第二工序				
合　计				

计算过程：

B003 直接人工和制造费用项目在产品约当产量计算，编制表6-14。

表 6-14

在产品加工程度及约当产量计算表

产品：B003　　　　　　　　　　　　年　　月　　　　　　　　　　计量单位：件

工　序	单位产品定额工时/时	在产品的加工程度	月末盘存在产品数量	直接人工和制造费用项目在产品约当产量
第一工序				
第二工序				
第三工序				
合　计				

计算过程：

2. 登记产品成本计算单，按约当产量比例分配完工产品与月末在产品成本，见表6-15至表6-17。

表 6-15

产品成本计算单

年　月　　　　　　　　　　　产成品数量：件

产品名称：　　　　　　　　　　　　　　　　金额单位：元

年		摘　要	直接材料	直接人工	制造费用	合　计
月	日					
3	31	月初在产品成本				
	31	本月发生生产费用				
	31	生产费用合计				
	31	完工产品产量				
	31	在产品约当产量				
	31	约当总产量				
		费用分配率（单位成本）				
		完工产品成本				
		月末在产品成本				

表 6-16

产品成本计算单

年　月　　　　　　　　　　　产成品数量：件

产品名称：　　　　　　　　　　　　　　　　金额单位：元

年		摘　要	直接材料	直接人工	制造费用	合　计
月	日					
3	31	月初在产品成本				
	31	本月发生生产费用				
	31	生产费用合计				
	31	完工产品产量				
	31	在产品约当产量				
	31	约当总产量				
		费用分配率（单位成本）				
		完工产品成本				
		月末在产品成本				

表 6-17

产品成本计算单

年　月

产成品数量：件

产品名称：

金额单位：元

年		摘　　要	直接材料	直接人工	制造费用	合　　计
月	日					
3	31	月初在产品成本				
	31	本月发生生产费用				
	31	生产费用合计				
	31	完工产品产量				
	31	在产品约当产量				
	31	约当总产量				
		费用分配率（单位成本）				
		完工产品成本				
		月末在产品成本				

3. 编制完工产品成本汇总表，结转完工入库产品成本，见表6-18。

表 6-18

完工产品成本汇总表

金额单位：元

成本项目	B001		B002		B003	
	总成本	单位成本	总成本	单位成本	总成本	单位成本
直接材料						
直接人工						
制造费用						
合计						

4. 编制本月已完工产品记账凭证，见表6-19。

表 6-19

记 账 凭 证

年　月　日

编号：

摘　　要	科目名称		借方金额	贷方金额	记账符号
	总账科目	明细科目			
附件　　张		合计			

会计主管：　　　　　记账：　　　　　制单：　　　　　复核：

实训二　定额比例法

【实训目的】

通过本实训熟练掌握定额比例分配完工产品与月末在产品成本的方法。

【实训说明】

嘉美机械制造有限责任公司二车间生产的 W001 产品是一种各项消耗定额或定额成本比较准确、稳定，但各月月末在产品数量变动较大的产品。为此，对所生产 W001 的完工产品和月末在产品成本采用定额比例法计算分配。其中直接材料成本，按直接材料的定额消耗量或定额成本比例分配。直接人工等加工成本，可以按各项定额成本的比例分配，也可以按定额工时比例分配。采用定额比例法计算的特点是完工产品和月末在产品的成本计算按照生产费用占完工产品和月末在产品的定额消耗量或定额成本的比例来分配求得，而且在计算时，也是分成本项目进行的，按照生产费用占月末在产品和本期完工产品的定额成本的比例进行分配后，确定各自应负担的生产费用。

【实训资料】

嘉美机械制造有限责任公司二车间生产的 W001 产品是一种定型产品，经过长期生产已经具有比较健全的定额管理制度。2015 年 4 月初该产品月初及本月发生的生产费用定额等资料如下。

1. W001 月初在产品成本及本月发生的生产费用见表 6-20。

表 6-20

月初在产品成本及本月发生的生产费用

金额单位：元

成 本 项 目	月初在产品成本	本月发生的生产费用
直接材料	5 600	44 800
直接人工	2 600	19 600
制造费用	1 400	16 800
合　计	9 600	81 200

2. W001 有关定额资料见表 6-21。

表 6-21

定 额 资 料

项　　目	材料定额成本/元	工时消耗定额/时
完工产品	60	40
月末在产品	60	20

3. 生产 W001 所需材料费用在生产开始时一次投入，本月完工产品为 500 件，月末在产品为 200 件，完工程度为 80%。

【实训要求】

1. 登记产品成本计算单，见表 6-22。

表 6–22

产品成本计算单

产品名称：　　　　　　　　　　　　年　　月　　　　　　　　　　金额单位：元

摘　　要	直 接 材 料	直 接 人 工	制 造 费 用	合　　计
月初在产品成本				
本月生产费用				
生产费用合计				
完工产品总定额				
在产品总定额				
分配率				
完工产品总成本				
完工产品单位成本				
月末在产品成本				

计算过程：

2. 编制结转完工产品成本的记账凭证，见表 6–23。

表 6–23

记 账 凭 证

年　　月　　日　　　　　　　　　　　　　　　编号：

摘　　要	科目名称		借方金额	贷方金额	记账符号
	总账科目	明细科目			
附件　　张	合　　计				

会计主管：　　　　记账：　　　　　制单：　　　　　复核：

【实训提示及参考答案】

实训一提示

产品成本计算单如表 6–24 至表 6–27 所示。

表 6-24

产品成本计算单

2015 年 3 月 产成品数量：件

产品名称：B001 金额单位：元

年		摘　要	直 接 材 料	直 接 人 工	制 造 费 用	合　　计
月	日					
3	31	月初在产品成本	3 000	1 200	1 000	5 200
	31	本月发生生产费用	18 000	9 800	8 200	36 000
	31	生产费用合计	21 000	11 000	9 200	41 200
	31	完工产品产量	920	920	920	920
	31	在产品约当产量	80	24	24	
	31	约当总产量	1 000	944	944	
		费用分配率（单位成本）	21	11.65	9.75	42.40
		完工产品成本	19 320	10 718	8 970	39 008
		月末在产品成本	1 680	282	230	2 192

直接材料分配率 = 21 000/(920 + 80) = 21(元/件)　完工产品成本 = 920 × 21 = 19 320(元)

直接人工分配率 = 11 000/(920 + 80 × 30%) = 11.65(元/件)　完工产品成本 = 920 × 11.65 = 10 718(元)

制造费用分配率 = 9 200/944 = 9.75(元/件)　完工产品成本 = 920 × 9.75 = 8 970(元)

表 6-25

产品成本计算单

2015 年 3 月 产成品数量：件

产品名称：B002 金额单位：元

年		摘　要	直 接 材 料	直 接 人 工	制 造 费 用	合　　计
月	日					
3	31	月初在产品成本	5 200	1 600	1 200	8 000
	31	本月发生生产费用	23 800	15 400	13 000	52 200
	31	生产费用合计	29 000	17 000	14 200	60 200
	31	完工产品产量	400	400	400	400
	31	在产品约当产量	135	69	69	
	31	约当总产量	535	469	469	
		费用分配率（单位成本）	54.21	36.25	30.28	120.74
		完工产品成本	21 684	14 500	12 112	48 296
		月末在产品成本	2 316	2 500	2 088	6 904

直接材料分配率 = 29 000/(400 + 135) = 54.21(元/件)　完工产品成本 = 400 × 54.21 = 21 684(元)

直接人工分配率 = 17 000/(400 + 69) = 36.25(元/件)　完工产品成本 = 400 × 36.25 = 14 500(元)

制造费用分配率 14 200/469 = 30.28(元/件) 完工产品成本 = 400 × 30.28 = 12112(元)

表6-26

产品成本计算单

2015 年 3 月　　　　　　　　　　　　　　　　　产成品数量：件

产品名称：B003　　　　　　　　　　　　　　　　　　　　　　金额单位：元

年		摘　要	直接材料	直接人工	制造费用	合　计
月	日					
3	31	月初在产品成本	3 400	2 300	1 400	7 100
	31	本月发生生产费用	12 000	6 300	7 600	25 900
	31	生产费用合计	15 400	8 600	21 600	33 000
	31	完工产品产量	500	500	500	500
	31	在产品约当产量	66	67	67	
	31	约当总产量	566	567	567	
		费用分配率（单位成本）	27.21	15.17	15.87	58.25
		完工产品成本	13 605	7 585	7 935	29 125
		月末在产品成本	1 795	1 015	1 065	3 875

表6-27

完工产品成本汇总表

金额单位：元

成本项目	B001		B002		B003	
	总　成　本	单位成本	总　成　本	单位成本	总　成　本	单位成本
直接材料	19 320	21	21 684	54.21	13 605	27.21
直接人工	10 718	11.65	14 500	36.25	7 585	15.17
制造费用	8 970	9.75	12 112	30.28	7 935	15.87
合计	39 008	42.40	48 296	120.74	29 125	58.25

实训二提示

产品成本计算单如表6-28所示。

表6-28

产品成本计算单

产品名称：W001　　　　　　　2015 年 4 月　　　　　　　　金额单位：元

摘　要	直接材料	直接人工	制造费用	合　计
月初在产品成本	5 600	2 600	1 400	9 600
本月生产费用	44 800	19 600	16 800	81 200
生产费用合计	50 400	22 200	18 200	90 800
完工产品总定额	30 000	20 000	20 000	
在产品总定额	12 000	3 200	3 200	
分配率	1.20	0.96	0.78	
完工产品总成本	36 000	19 200	15 600	70 800
完工产品单位成本	72	38.40	31.20	141.6
月末在产品成本	14 400	3 000	2 600	20 000

第七章　企业产品成本计算的基本方法

项目一　基础知识训练

一、单项选题

1. 以产品品种为成本核算对象的成本核算方法，称为（　　　）。

   A. 品种法　　　　B. 分批法　　　　C. 分步法　　　　D. 分类法

2. 品种法成本计算期的特点是（　　　）。

   A. 按月定期计算成本，一定与生产周期一致

   B. 按月定期计算成本，一定与生产周期不一致

   C. 按月定期计算成本，一定与会计报告期不一致

   D. 按月定期计算成本，一定与会计报告期一致

3. 采用品种法，生产成本明细账应当按照（　　　）分别开设。

   A. 生产车间　　　B. 生产步骤　　　C. 产品品种　　　D. 订货单

4. 品种法适用的生产组织方式是（　　　）。

   A. 大量生产　　　B. 成批生产　　　C. 大量大批生产　　D. 单件小批生产

5. 采用简化分批法，在产品完工之前，产品成本明细账（　　　）。

   A. 不登记任何费用　　　　　　　　B. 只登记直接成本和生产工时

   C. 只登记原材料费用　　　　　　　D. 登记间接费用，不登记直接费用

6. 分批法适用的生产组织形式是（　　　）。

   A. 单件小批生产　B. 大量大批生产　C. 大量生产　　　D. 成批生产

7. 分批法成本计算对象的确定通常是根据（　　　）。

   A. 用户订单　　　B. 产品品种　　　C. 客户要求　　　D. 生产任务通知单

8. 下列情况下，不宜采用简化分批法的是（　　　）。

   A. 各月间接计入费用水平相差不大　　B. 月末未完工产品批数较多

   C. 同一月份投产的批数较多　　　　　D. 各月间接计入费用较多

9. 下列可采用分步法计算产品成本的是（　　　）企业。

   A. 造船厂　　　　B. 发电厂　　　　C. 重型机器制造　D. 纺织

10. 采用综合结转分步法计算产品成本时，若有三个生产步骤，则需进行的成本还原的次数是（　　　）。

    A. 一次　　　　　B. 二次　　　　　C. 三次　　　　　D. 四次

11. 产品成本计算的分步法是（　　　）。

    A. 分车间计算产品成本的方法

    B. 计算各步骤半成品和最后步骤产成品成本的方法

    C. 按照产品的品种及其所经过的生产步骤计算产品成本的方法

D. 计算产品成本中各步骤"份额"的方法

12. 成本还原是从（　　　），将本步骤本月所产完工成品耗用的上一步骤半成品的综合成本，按照上一步骤本月所生产的半成品的成本结构分解为上一步骤的成本项目。

A. 最后一个生产步骤起　　　　　　B. 最前一个生产步骤起

C. 中间一个生产步骤起　　　　　　D. 任意一个生产步骤起

13. 采用平行结转分步法，第二步骤广义的在产品不包括（　　　）。

A. 第一生产步骤正在加工的在产品　　B. 第二生产步骤正在加工的在产品

C. 第一生产步骤完工入库的在产品　　D. 第三生产步骤正在加工的在产品

二、多项选择题

1. 生产特点和管理要求对成本计算方法的影响，主要表现在对（　　　）的影响等方面。

A. 成本核算对象　　　　　　　　　　B. 成本计算期

C. 生产成本在完工产品与期末在产品之间的分配

D. 生产成本在成本核算对象之间的分配

2. 下列企业中，适合采用品种法计算产品成本的有（　　　）。

A. 供电企业　　　　　　　　　　　　B. 采掘企业

C. 制药企业　　　　　　　　　　　　D. 只制造和销售整车的自行车生产企业

3. 品种法的特点是（　　　）。

A. 以产品品种为成本计算对象

B. 各月末，有在产品时，需要采用一定的方法在完工产品和在产品之间分配成本

C. 各月末，需要采用一定的方法在各步骤之间分配成本

D. 成本核算在各月末进行，即成本计算期与会计报告期一致，与生产周期不一致

4. 采用品种法在月末计算产品成本时，如果（　　　），也可以不计算在产品成本。

A. 没有在产品　　　　　　　　　　　B. 在产品数量很少，且成本数额不大

C. 在产品数量很少，但成本数额不大　D. 在产品数量很多，且成本数额很大

5. 下列企业中，可采用分批法计算成本的是（　　　）企业。

A. 发电　　　　B. 重型机械制造　　　C. 造船　　　　　　D. 精密仪器制造

6. 在分批法中，间接成本的分配方法有（　　　）。

A. 计划成本分配法　　　　　　　　　B. 累计分配法

C. 定额比例分配法　　　　　　　　　D. 当月分配法

7. 采用分批法计算产品成本时，如果批内产品跨月陆续完工的情况不多，完工产品数量占全部批量的比重较大，可以采用（　　　）在完工产品和在产品之间分配成本。

A. 约当产量法　　　　　　　　　　　B. 按近期相同产品实际单位成本计价法

C. 定额比率法　　　　　　　　　　　D. 定额成本法

8. 分步法的特点是（　　　）。

A. 不按产品的批别计算产品成本　　　B. 按产品的批别计算产品成本

C. 按产品的生产步骤计算产品成本　　D. 不按产品的生产步骤计算产品成本

9. 分步法适用于大量大批多步骤生产企业，如（　　　）企业等。

A. 纺织　　　　B. 钢铁　　　　　　　C. 机器制造　　　D. 发电

10. 采用平行结转分步法计算产品成本时，其主要优点是（　　　）。

A. 各步骤可以同时计算产品成本

B. 能够提供各个步骤的半成品成本资料

C. 能够直接提供按原始成本项目反映的产品成本资料，不必进行还原

D. 能为各生产步骤在产品的实物管理和资金管理提供资料

三、判断题

1. 品种法只适用于多步骤生产。　　　　　　　　　　　　　　　　　　　　（　　）

2. 由于每个工业企业最终都必须计算出每种产品的成本，因此品种法是最基本的成本计算方法。　　　　　　　　　　　　　　　　　　　　　　　　　　　　　　（　　）

3. 从生产组织形式来看，品种法主要适用于大量大批生产。　　　　　　　　（　　）

4. 采用品种法计算产品成本时，企业如果只生产一种产品，只需要为这一种产品开设产品成本明细账。　　　　　　　　　　　　　　　　　　　　　　　　　　　　　（　　）

5. 分批法是以产品批别为成本计算对象，归集费用，计算产品成本的一种方法。
　　　　　　　　　　　　　　　　　　　　　　　　　　　　　　　　　　　（　　）

6. 分批法一般是根据用户的订单组织生产的，在一份订单中即使存在多种产品也应合为一批来组织生产。　　　　　　　　　　　　　　　　　　　　　　　　　　　　（　　）

7. 如果各月份的间接费用水平相差悬殊，采用"累计分配法"会影响到各月成本计算的准确性。　　　　　　　　　　　　　　　　　　　　　　　　　　　　　　　　　（　　）

8. 采用平行结转分步法进行成本计算时，各生产步骤的成本既包括本步骤发生的费用，也包括上一步骤转入的费用。　　　　　　　　　　　　　　　　　　　　　　　　（　　）

9. 采用逐步结转分步法，半成品成本的结转与半成品实物的转移是一致的，因而有利于半成品的实物管理和在产品的资金管理。　　　　　　　　　　　　　　　　　　（　　）

10. 采用平行结转分步法，如果是综合结转，也需要进行成本还原。　　　　（　　）

项目二　综合能力训练

实训一　品　种　法

【实训目的】

通过实训，熟悉产品成本核算的基本原理和一般程序，掌握品种法计算产品成本的基本程序及账务处理方法。

【实训说明】

品种法是以产品品种作为成本计算对象，归集生产费用，计算产品成本的一种成本计算方法。品种法是企业成本核算的最基本方法。品种法的基本程序如下：

（1）按照产品品种开设成本计算单或生产成本明细账；

（2）编制各要素费用分配表；

（3）根据各要素费用分配表或分配汇总表及其他相关资料，登记基本生产成本明细账、辅助生产成本明细账、制造费用明细账、管理费用明细账等相关明细账；

（4）分配辅助生产费用；

（5）根据制造费用明细账所归集的本月全部费用，编制制造费用分配表，在各种产品

间进行分配，并据以登记基本生产成本明细账；

（6）计算并结转完工产品成本。

【实训资料】

新华公司为大量大批单步骤生产企业，设有一个基本生产车间，大量大批生产 B001、B002 两种产品；另设有一个辅助生产车间——机修车间，该企业采用品种法计算产品成本。B001、B002 两种产品的原材料均为在生产开始时一次投入，两种产品共同消耗的材料按直接材料比例分配；基本生产车间生产工人工资、制造费用均按生产工时比例分配；生产车间的外购动力费用在制造费用中核算，基本生产成本明细账不设外购燃料及动力项目；辅助生产费用采用直接分配法按修理工时比例分配；两种产品均采用约当产量法计算分配完工产品与月末在产品成本，月末在产品完工程度为 50%。

2015 年 10 月有关成本核算资料如下。

（1）B001、B002 两种产品的月初在产品成本资料见表 7–1。

表 7–1

月初在产品成本

2015 年 10 月　　　　　　　　　　　　　　　　单位：元

产品名称	直接材料	直接人工	制造费用	合　计
B001 产品	124 000	26 250	5 750	156 000
B002 产品	17 400	9 250	1 750	28 400

（2）B001、B002 两种产品的产量资料见表 7–2。

表 7–2

产品产量资料表

2015 年 10 月　　　　　　　　　　　　　　　　单位：元

产品名称	月初在产品	本月投入	本月完工	月末在产品
B001 产品	120	480	500	100
B002 产品	30	210	200	40

（3）各产品及各部门的工时记录资料见表 7–3。

表 7–3

工 时 记 录

2015 年 10 月　　　　　　　　　　　　　　　　单位：元

项　目		生产工时	修理工时
基本生产车间	B001 产品	18 000	
	B002 产品	9 500	
	一般耗用		1 000
企业管理部门			500

（4）本月发生的生产成本资料见表7-4。

表7-4

本月生产成本汇总表

2015 年 10 月
单位：元

项　　目	B001 产品领用	B002 产品领用	B001、B002产品共同耗用	基本生产车间一般耗用	辅助生产车间耗用	合　　计
原材料	450 000	350 000	56 000	1 950	2 560	860 510
职工薪酬			275 000	15 600	7 100	297 700
折旧费				11 000	3 590	14 590
外购动力费				46 000	15 000	61 000
其他				22 000	4 500	26 500

【实训要求】

1. 设置有关成本费用明细账。

（1）按产品品种设置基本生产成本明细账，见表7-5 和表7-6。

表7-5

基本生产成本明细账

车间名称：
产品名称：

年		凭证号	摘　　要	借　方	贷　方	方　向	余　额	借方发生额		
月	日							直接材料	直接人工	制造费用

表 7-6

基本生产成本明细账

车间名称：　　　　　　　　　　　　　　　　　　　　　　　　　产品名称：

年		凭证号	摘　要	借　方	贷　方	方　向	余　额	借方发生额		
月	日							直接材料	直接人工	制造费用

（2）辅助生产成本明细账见表 7-7。

表 7-7

辅助生产成本明细账

车间名称：

年		凭证号	摘　要	借　方	贷　方	方向	余　额	借方发生额				
月	日							材料费	人工费	动力费	折旧费	其他

（3）制造费用明细账见表7-8。

表 7-8

制造费用明细账

车间名称：基本生产车间

年		凭证号	摘　要	借方	贷方	方向	余额	借方发生额					
月	日							材料费	人工费	水电费	折旧费	修理费	其他

2. 分配本月发生的各项要素费用。

（1）编制原材料费用分配表分配材料费用，见表7-9。

表 7-9

原材料费用分配表

2015 年 10 月　　　　　　　　金额单位：元

应借科目		直接计入	间接计入			合　计
			分配标准	分配率	分配额	
基本生产成本	B001 产品					
	B002 产品					
	小　计					
辅助生产成本	机修车间					
制造费用	基本生产车间					
合　计						

根据原材料费用分配表，填制发出材料的记账凭证，见表7-10。并据以登记基本生产成本明细账、辅助生产成本明细账、制造费用明细账。

表 7-10

记账凭证

年　　月　　日　　　　　　　　　　　　　　　　　编号：

摘　要	科目名称		借方金额	贷方金额	记账符号
	总账科目	明细科目			
附件　张	合　　计				

会计主管：　　　　　　记账：　　　　　　制单：　　　　　　复核：

（2）编制职工薪酬分配表分配人工费用，见表 7-11。

表 7-11

职工薪酬分配表

2015 年 10 月　　　　　　　　　　　　　　　　金额单位：元

应借科目 应贷科目	基本生产成本			辅助生产成本	制造费用	合　计
	B001 产品	B002 产品	合计			
应付职工薪酬　生产工时						
分配率						
分配金额						

根据职工薪酬分配表，填制分配职工薪酬的记账凭证，见表 7-12。并据以登记基本生产成本明细账、辅助生产成本明细账和制造费用明细账（见表 7-5 至表 7-8）。

表 7-12

记账凭证

年　　月　　日　　　　　　　　　　　　　　　　　编号：

摘　要	科目名称		借方金额	贷方金额	记账符号
	总账科目	明细科目			
附件　张	合　　计				

会计主管：　　　　　　记账：　　　　　　制单：　　　　　　复核：

（3）编制固定资产折旧计算表分配折旧费用，见表 7-13。

表 7-13

固定资产折旧计算表

2015 年 10 月　　　　　　　　　　　　　　　　　金额单位：元

项　目	辅助生产成本	制造费用	合　计
累计折旧			

根据固定资产折旧计算表，填制计提折旧的记账凭证，见表 7-14。并据以登记辅助生产成本明细账、制造费用明细账（见表 7-7 和表 7-8）。

表 7-14

记 账 凭 证

年　月　日　　　　　　　　　　　　　　　　　编号：

摘　要	科 目 名 称		借方金额	贷方金额	记账符号
	总账科目	明细科目			
附件　张	合　计				

会计主管：　　　　　　记账：　　　　　　制单：　　　　　　复核：

（4）编制外购动力费用分配表分配外购动力费用，见表 7-15。

表 7-15

外购动力费用分配表

2015 年 10 月　　　　　　　　　　　　　　　　　金额单位：元

项　目	辅助生产成本	制造费用	合　计
	机修车间	基本生产车间	
银行存款			

根据外购动力费用分配表，填制分配外购动力费用的记账凭证，见表 7-16。并据以登记辅助生产成本明细账、制造费用明细账（见表 7-7 和表 7-8）。

表 7-16

记 账 凭 证

年　月　日　　　　　　　　　　　　　　　　　编号：

摘　要	科 目 名 称		借方金额	贷方金额	记账符号
	总账科目	明细科目			
附件　张	合　计				

会计主管：　　　　　　记账：　　　　　　制单：　　　　　　复核：

（5）编制其他费用分配表分配其他费用，见表7-17。

表7-17

其他费用分配汇总表

2015年10月

金额单位：元

应贷科目 ＼ 应借科目	辅助生产成本	制造费用	合 计
	机 修 车 间	基本生产车间	
银行存款			

根据其他费用分配汇总表，填制分配办公费用及其他费用记账凭证，见表7-18。并据以登记辅助生产成本明细账、制造费用明细账（见表7-7和表7-8）。

表7-18

记 账 凭 证

年　　月　　日

编号：

摘 要	科 目 名 称		借 方 金 额	贷 方 金 额	记账符号
	总账科目	明细科目			
附件　　张	合　　计				

会计主管：　　　　记账：　　　　制单：　　　　复核：

3. 分配辅助生产费用。

根据辅助生产成本明细账归集的待分配辅助生产费用和机修车间劳务量的供应情况（见表7-3），编制辅助生产费用分配表，见表7-19，填制记账凭证，见表7-20，并据以登记制造费用明细账（见表7-8）。

表7-19

辅助生产费用分配表

2015年10月

金额单位：元

项 目		制造费用	管理费用	合 计
机修车间	分配标准（修理工时）	2 000	620	2 620
	分配率			12.50
	分配金额	25 000	7 750	32 750

表7-20

记 账 凭 证

年　月　日　　　　　　　　　　　　　　　　　编号：

摘　要	科目名称		借方金额	贷方金额	记账符号
	总账科目	明细科目			
附件　张	合　计				

会计主管：　　　　　　记账：　　　　　　制单：　　　　　　复核：

4. 分配制造费用。

根据制造费用明细账归集的基本生产车间制造费用，编制制造费用分配表，如表7-21所示。填制记账凭证，如表7-22所示。并据以登记B001、B002产品的基本生产成本明细账（见表7-5和表7-6）。

表7-21

制造费用分配表

车间名称：基本生产车间　　　　　　2015年10月　　　　　　　　金额单位：元

产　品	生产工时/时	分　配　率	分配金额
B001产品			
B002产品			
合　计			

表7-22

记 账 凭 证

年　月　日　　　　　　　　　　　　　　　　　编号：

摘　要	科目名称		借方金额	贷方金额	记账符号
	总账科目	明细科目			
附件　张	合　计				

会计主管：　　　　　　记账：　　　　　　制单：　　　　　　复核：

5. 生产费用在完工产品与在产品之间分配。

（1）编制在产品约当产量计算表。

根据各产品成本明细账归集的生产费用合计数和有关产量记录，在完工产品和月末在产品之间分配生产费用。按约当产量法计算 B001、B002 两种产品的月完工产品成本和月末在产品成本。

编制在产品约当产量计算表，计算 B001、B002 两种产品的在产品约当产量，见表7-23和表7-24。

表7-23

在产品约当产量计算表

产品名称：B001 产品　　　　　　　2015 年 10 月 31 日　　　　　　　单位：件

成 本 项 目	在产品数量	投料程度（加工程度）	约 当 产 量
直接材料			
直接人工			
制造费用			

表7-24

在产品约当产量计算表

产品名称：B002 产品　　　　　　　2015 年 10 月 31 日　　　　　　　单位：件

成 本 项 目	在产品数量	投料程度（加工程度）	约 当 产 量
直接材料			
直接人工			
制造费用			

（2）编制产品成本计算单，见表7-25 和表7-26。

表7-25

产品成本计算单

产品名称：B001 产品　　　　　　　2015 年 10 月 31 日　　　　　　　产成品：500 件
月末在产品：100 件

摘 要	直接材料	直接人工	制造费用	合 计
生产费用合计				
完工产品数量				
在产品约当产量				
约当总量				
分配率（单位成本）				
完工产品成本				
月末在产品成本				

表 7-26

产品成本计算单

产品名称：B002 产品　　　　　2015 年 10 月 31 日　　　　　产成品：200 件

在产品：40 件

摘　要	直接材料	直接人工	制造费用	合　计
生产费用合计				
完工产品数量				
在产品约当产量				
约当总量				
分配率（单位成本）				
完工产品成本				
月末在产品成本				

根据表 7-25 和表 7-26 中的 B001、B002 两产品完工产品成本，结转完工入库产品的生产成本，编制记账凭证，如表 7-27 所示。并据以登记基本生产成本（见表 7-5 和表 7-6）和库存商品明细账（库存商品明细账略）。

表 7-27

记　账　凭　证

年　月　日　　　　　　　　　　　　　　　编号：

摘　要	科目名称		借方金额	贷方金额	记账符号
	总账科目	明细科目			
附件　张	合　计				

会计主管：　　　　记账：　　　　制单：　　　　复核

实训二　一般分批法

【实训目的】

通过本实训掌握产品成本计算的一般分批法。

【实训说明】

云丰公司是一家机械制造企业，专门生产 AH 系列的设备，其生产是不连续的，是根据客户订单来组织生产的。该企业设有一个基本生产车间，以及供电和维修两个辅助生产车间。辅助生产成本在各部门间采用直接分配法按实际工时比例计算分配。该企业根据客户的要求按订单分批组织生产，产品成本计算采用分批法。存货按实际成本计价，原材料在生产开始时一次性投入，人工和制造费用按工时比例分配。完工产品和在产品之间成本采用约当产量法。辅助生产车间的费用全部计入"制造费用"，产品成本包括"直接材料""直接人工"和"制造费用"三个成本项目。

【实训资料】

1. 2015 年 4 份订单共生产 4 个批次的产品：

601 批次 AH01 产品 15 台，2 月投产，本月全部完工；

701 批次 AH02 产品 20 台，3 月投产，本月全部完工；

801 批次 AH03 产品 80 台，4 月投产，本月尚未有完工产品；

802 批次 AH04 产品 8 台，4 月投产，本月完工 4 台。

2. 4 月份成本项目资料。

2015 年 4 月初在产品成本资料，见表 7-28。

表 7-28

月初在产品成本资料

金额单元：元

项　目	直接材料	直接人工	制造费用	合　计
AH01	6 200	500	350	7 050
AH02	560	400	820	1 780
AH03	320	600	430	1 400

（1）2015 年 4 月材料费用分配表，见表 7-29。

表 7-29

材料费用分配表

2015 年 4 月　　　　　　金额单位：元

领料部门及用途		原材料成本
基本生产车间	601 批 AH01 产品	15 260
	701 批 AH02 产品	10 500
	801 批 AH03 产品	24 680
	802 批 AH04 产品	21 350
辅助生产车间	供电车间	4 900
	维修车间	5 600
管理部门	其他成本	1 110
合　计		83 400

（2）2015 年 4 月工资费用分配表，见表 7-30。

表 7-30

工资费用分配表

2015 年 4 月   金额单位：元

领料部门及用途		分配标准	分配率	金　额
基本生产车间	601 批 AH01 产品	7 600	0.52	3 952
	701 批 AH02 产品	5 000	0.52	2 600
	801 批 AH03 产品	12 300	0.52	6 396
	802 批 AH04 产品	11 000	0.52	5 720
车间管理人员				12 000
辅助生产车间	供电车间			7 500
	维修车间			9 000
管理部门				20 000
合　计				67 168

（3）2015 年 4 月制造费用分配表，见表 7-31。

表 7-31

制造费用分配表

车间：基本生产车间   2015 年 4 月   金额单位：元

分配对象	分配标准	分配率	金　额
601 批 AH01 产品	7 600	1.10	8 360
701 批 AH02 产品	5 000	1.10	5 500
801 批 AH03 产品	12 300	1.10	13 530
802 批 AH04 产品	11 000	1.10	12 100
合　计			39 490

【实训要求】

1. 编制各成本项目分配的记账凭证，见表 7-32、表 7-33 和表 7-34。

表 7-32

记　账　凭　证

年　月　日   编号：

摘　要	科 目 名 称		借方金额	贷方金额	记账符号
	总账科目	明细科目			
附件　张	合　计				

会计主管：　　　　记账：　　　　制单：　　　　复核：

表 7-33

记　账　凭　证

年　月　日　　　　　　　　　　　　　　　　　　　　编号：

摘　要	科目名称		借方金额	贷方金额	记账符号
	总账科目	明细科目			
附件　张	合　计				

会计主管：　　　　　记账：　　　　　制单：　　　　　复核：

表 7-34

记　账　凭　证

年　月　日　　　　　　　　　　　　　　　　　　　　编号：

摘　要	科目名称		借方金额	贷方金额	记账符号
	总账科目	明细科目			
附件　张	合　计				

会计主管：　　　　　记账：　　　　　制单：　　　　　复核：

2. 编制各批产品的成本计算单，见表 7-35、表 7-36 和表 7-37。

表 7-35

产品成本计算单

批号：601　　　　　　　　　　　　　　　　　　　　开工日期：2015 年 2 月 5 日
产品名称：AH01　　　　　　　　　　　　　　　　　完工日期：2015 年 4 月 25 日
产量：15 台　　　　　　　　2015 年 4 月 30 日　　　　　　　金额单位：元

项　目	直接材料	直接人工	制造费用	合　计
月初在产品成本				
本月生产费用				
生产费用合计				
完工产品成本				
完工产品单位成本				

表 7-36

产品成本计算单

批号：701　　　　　　　　　　　　　　　开工日期：2015 年 3 月 8 日
产品名称：AH02　　　　　　　　　　　　完工日期：2015 年 4 月 27 日
产量：20 台　　　　　　　2015 年 4 月 30 日　　　　金额单位：元

项　　目	直接材料	直接人工	制造费用	合　　计
月初在产品成本				
本月生产费用				
生产费用合计				
完工产品成本				
完工产品单位成本				

表 7-37

产品成本计算单

批号：802　　　　　　　　　　　　　　　开工日期：2015 年 4 月 1 日
产品名称：AH04　　　　　　　　　　　　完工日期：2015 年 4 月 30 日
产量：4 台　　　　　　　2015 年 4 月 30 日　　　　金额单位：元

项　　目	直接材料	直接人工	制造费用	合　　计
月初在产品成本				
本月费用成本				
生产费用合计				
完工产品成本				
完工产品单位成本				

3. 编制结转完工产品成本的记账凭证，见表 7-38、表 7-39 和表 7-40。

表 7-38

记 账 凭 证

年　　月　　日　　　　　　　　　　　　　　编号：

摘　　要	科目名称		借方金额	贷方金额	记账符号
	总账科目	明细科目			
附件　张	合　计				

会计主管：　　　　记账：　　　　制单：　　　　复核：

表 7-39

记 账 凭 证
年　月　日

编号：

摘　　要	科目名称		借方金额	贷方金额	记账符号
	总账科目	明细科目			
附件　张	合　　计				

会计主管：　　　　记账：　　　　制单：　　　　复核：

表 7-40

记 账 凭 证
年　月　日

编号：

摘　　要	科目名称		借方金额	贷方金额	记账符号
	总账科目	明细科目			
附件　张	合　　计				

会计主管：　　　　记账：　　　　制单：　　　　复核：

4. 登记各批产品生产成本明细账，见表 7-41 至表 7-44。

表 7-41

生产成本明细账

车间名称：　　　　　　　　　　　　　　　　　　　　产品批号：

年		凭证号	摘　　要	借　方	贷　方	方　向	余　额	借方发生额		
月	日							直接材料	直接人工	制造费用

表 7-42

生产成本明细账

车间名称：   产品批号：

年		凭证号	摘　要	借　方	贷　方	方　向	余　额	借方发生额		
月	日							直接材料	直接人工	制造费用

表 7-43

生产成本明细账

车间名称：   产品批号：

年		凭证号	摘　要	借　方	贷　方	方　向	余　额	借方发生额		
月	日							直接材料	直接人工	制造费用

表 7-44

生产成本明细账

车间名称：   产品批号：

年		凭证号	摘　要	借　方	贷　方	方　向	余　额	借方发生额		
月	日							直接材料	直接人工	制造费用

实训三　简化分批法

【实训目的】

通过本实训掌握简化分批法计算产品成本的基本程序和有关账务处理方法。

【实训说明】

采用分批法计算产品成本的企业，如果同一月份投产批数较多，而且大多数又都是跨月陆续完工的生产，月末未完工批数较多的情况下，工作量很大，但实际提供信息的意义并不大。为了简化核算，可以采用不分批计算在产品成本的方法，即累计间接费用分配法，也称简化分批法，只计算完工批次的完工产品成本。其成本计算程序如下。

（1）财务部门除按订单或批别设置"生产成本明细账"外，还应设置"生产成本二级账"。二级账中按产品工时和成本项目设置专栏。

（2）月末，根据"材料费用分配表""职工薪酬费用分配表""制造费用分配表"等，将本月发生的各项成本费用登记到"生产成本二级账"，并登记本月投入的生产工时。按批别设置的"生产成本明细账"，只登记该批产品应负担的直接费用（如材料费用）和本月累计投入的生产工时。

（3）月末，对于各批次中完工产品的成本计算分为两步。第一步，完工产品应负担的薪酬成本，可以根据"生产成本明细账"中的累计生产费用，采用适当分配方法，在完工产品与在产品之间进行分配。第二步，完工产品应负担的间接费用，应根据"生产成本二级账"中的间接费用累计数与累计生产工时，计算累计间接费用分配率，按完工产品累计工时计算分配。

（4）月末，将完工产品成本分别从"生产成本明细账"和"生产成本二级账"中转出。"生产成本明细账"中的余额即月末在产品成本，但这个余额只是该批在产品应负担的直接费用，各批在产品应负担的间接费用，不反映在各成本计算单中，而是汇总反映在"生产成本二级账"的期末余额中。

【实训资料】

北晨华丰是一家生产儿童玩具的小型企业，按订单进行加工，由于投产的批数很多，月末未完工批数也较多，而且各月份的间接费用水平相差不大，因而采用简化分批法计算成本。2015年4月份发生的生产费用及生产工时已登记入各明细账中。本月投产4001#、4002#，本月1001#、1002#、2001#生产完工，其余批别均未生产完工。

月初在产品成本见表7-45。

表7-45

月初在产品成本

2015年4月1日

产品批号	生产工时/时	直接材料	直接人工	制造费用
1001#	6 970	65 800		
1002#	3 800	29 300		
1003#	7 850	67 800		
2001#	1 560	27 300		
2002#	3 560	28 400		
2003#	4 680	35 600		
合　计	28 420	254 200	194 200	298 000

基本生产成本二级明细账见表7-46。

表7-46

基本生产成本二级明细账（简式）

月	日	摘要	生产工时/时	直接材料	直接人工	制造费用	合计
4	1	月初在产品成本	28 420	254 200	194 200	298 000	746 400
	31	本月生产费用	14 340	83 400	105 120	86 840	275 360
	31	生产费用合计	42 760	337 600	299 320	384 840	1 021 760
	31	间接费用累计分配率	—	—			—
	31	本月完工产品转出	17 770	143 800	124 390	159 930	428 120
	31	在产品成本	24 990	193 800	174 930	224 910	593 640

【实训要求】

1. 计算直接人工和制造费用的累计分配率。

2. 完成产品成本计算单的填制，见表7-47至表7-54。

表7-47

产品成本计算单

产品批号：1001#　　　购货单位：益源商贸　　　投产日期：2月
产品名称：A产品　　　批量：850件　　　完工日期：4
　　　　　　　　　　　　　　　　　　　单位：元

月	日	摘要	生产工时/时	直接材料	直接人工	制造费用	合计
4	1	月初在产品成本					
		本月生产费用	2 800	8 000			8 000
		生产费用合计					
		间接费用累计分配率					
		本月完工产品转出					
		单位产品成本					

表7-48

产品成本计算单

产品批号：1002#　　　购货单位：德文公司　　　投产日期：2月
产品名称：B产品　　　批量：140件　　　完工日期：4
　　　　　　　　　　　　　　　　　　　单位：元

月	日	摘要	生产工时/时	直接材料	直接人工	制造费用	合计
4	1	月初在产品成本					
		本月生产费用	1 200	8 700			
		生产费用合计					
		间接费用累计分配率					
		本月完工产品转出					
		单位产品成本					

表 7-49

产品成本计算单

产品批号：1003#　　　　购货单位：兴华公司　　　　投产日期：3 月

产品名称：C 产品　　　　批量：50 件　　　　　　　完工日期：

单位：元

月	日	摘　要	生产工时/时	直接材料	直接人工	制造费用	合　计
		月初在产品成本					
		本月生产费用	2 100				
		生产费用合计					

表 7-50

产品成本计算单

产品批号：2001#　　　　购货单位：春秋发展　　　　投产日期：3 月

产品名称：D 产品　　　　批量：56 件　　　　　　　完工日期：4

单位：元

月	日	摘　要	生产工时/时	直接材料	直接人工	制造费用	合　计
		月初在产品成本					
		本月生产费用	1 440	4 700			
		生产费用合计					
		间接费用累计分配率					
		本月完工产品转出					
		单位产品成本					

表 7-51

产品成本计算单

产品批号：2002#　　　　购货单位：明星友爱　　　　投产日期：3 月

产品名称：E 产品　　　　批量：60 件　　　　　　　完工日期：

单位：元

月	日	摘　要	生产工时/时	直接材料	直接人工	制造费用	合　计
		月初在产品成本					
		本月生产费用	1 500	4 000			
		生产费用合计					

表 7-52

产品成本计算单

产品批号：2003#　　　　购货单位：民生商场　　　　投产日期：3 月

产品名称：F 产品　　　　批量：100 件　　　　　　完工日期：

单位：元

月	日	摘　要	生产工时/时	直接材料	直接人工	制造费用	合　计
		月初在产品成本					
		本月发生生产成本	1 000				
		生产成本合计					

表 7-53

产品成本计算单

产品批号：4001#　　　　　购货单位：山地公司　　　　　投产日期：4

产品名称：G 产品　　　　　批量：100 件　　　　　完工日期：

单位：元

月	日	摘　　要	生产工时/时	直接材料	直接人工	制造费用	合　　计
		本月生产费用	2 300	31 600			

表 7-54

产品成本计算单

产品批号：4002#　　　　　购货单位：慧普商场　　　　　投产日期：4

产品名称：H 产品　　　　　批量：70 件　　　　　完工日期：

单位：元

月	日	摘　　要	生产工时/时	直接材料	直接人工	制造费用	合　　计
		本月生产费用	2 000	26 400			

3. 填制结转完工产品成本的记账凭证，见表 7-55。

表 7-55

记 账 凭 证

年　月　日　　　　　　　　　　　　　　　　　　　编号：

摘　　要	科目名称		借方金额	贷方金额	记账符号
	总账科目	明细科目			
附件　张	合　　计				

会计主管：　　　　记账：　　　　制单：　　　　复核：

实训四　综合逐步结转分步法实训

【实训目的】

通过本实训熟悉产品成本核算的基本原理和一般程序，掌握综合逐步结转分步法计算产品成本的基本程序和相关账务处理方法。

【实训说明】

分步法是按每种产品及其所经历过的生产步骤来计算产品的成本，根据其结转各个步骤成本的方法不同，可分为逐步结转分步法和平行结转分步法。

逐步结转分步法是按照生产步骤，逐步计算并结转半成品的成本，直到最后步骤计算出完工产品成本的方法。逐步结转分步法也称作计算半成品成本的分步法，其显著特点是需要计算各个步骤所产生半成品的成本；也可以说逐步结转分步法是品种法在各个步骤多次的连续的应用，即在各个步骤中采用品种法来归集所耗的原材料费用或半成品的成本和本步骤所发生的其他费用，进而进行每一步的在产品成本和完工产品成本的计算。

逐步结转分步法，按照半成品成本结转方式不同，又可分为综合逐步结转和分项逐步结转两种方法。综合逐步结转分步法是指上一个生产步骤的半成品转入到下一个生产步骤时，将"半成品"或"直接材料"这样的综合项目转入下一个步骤生产成本明细账中的方法。

在采用综合逐步结转分步法结转半成品成本的情况下，最后步骤的产成品成本中的自制半成品项目或直接材料项目是最后一个步骤所耗上一个步骤的半成品的综合成本（即包含以上一步骤所耗的料、工、费），其他的生产费用只包含本步骤的费用。为了反映企业产品成本结构的实际情况，应从整个企业的角度来考核和分析产品成本的构成与水平，应将逐步结转分步法中综合计算出的产品成本还原为按原始成本项目反映的成本。

【实训资料】

三彩公司生产的 TH 产品经过三个基本生产车间连续加工制成。一车间生产完工的 TH001 半成品（毛坯件），不经过仓库收发，直接转入二车间加工制成 TH002 半成品（零件）。TH002 半成品（零件）通过零件仓库收发入库，三车间向半成品（零件）仓库领用 TH002 半成品（零件）继续加工成 TH 产品（产成品）。其中，1 件 TH 产品耗用 1 件 TH002 半成品（零件），1 件 TH002 半成品（零件）耗用 1 件 TH001 半成品（毛坯件）。该工厂根据生产特点和管理要求，采用综合逐步结转法计算各步骤半成品成本及 TH 产成品成本。

生产 TH 产品所需的原材料于一车间生产开始时一次性投入，二车间、三车间不再投入材料。此外，该企业由于生产比较均衡，各基本生产车间的月末在产品完工率均为 50%。

各车间的生产成本在完工产品和在产品之间的分配，采用约当产量法。三车间领用的 TH002 半成品成本结转，采用加权平均法进行计算。月初 TH002 半成品数量 20 件，单位成本 135 元，共计 2 700 元。

三彩公司 2015 年 4 月生产 TH 产品的有关成本计算资料如下。

（1）本月各车间产量资料见表 7-56。

表 7-56

各车间产量资料表

2015 年 4 月

摘　要	计量单位	一 车 间	二 车 间	三 车 间
月初在产品数量	件	20	50	40
本月投产数量或上一步转入	件	180	160	180
本月完工产品数量	件	160	180	200
月末在产品数量	件	40	30	20

（2）各车间月初及本月成本资料见表 7-57。

表 7–57

各车间月初及本月成本表

2015 年 4 月   单位：元

摘　　要		直接材料	半 成 品	直接人工	制造费用	合　　计
一车间	月初在产品成本	1 000		60	100	1 160
	本月的生产费用	18 400		2 200	2 400	23 000
二车间	月初在产品成本		6 172.50	200	120	6 492.50
	本月的生产费用			3 200	4 800	8 000
三车间	月初在产品成本		6 644.80	180	160	6 984.80
	本月的生产费用			3 450	2 550	6 000

【实训要求】

1. 编制 TH001 半成品约当产量计算表（见表 7–58）和一车间的产品成本计算单（见表 7–59），计算一车间的 TH001 半成品的实际生产成本。

表 7–58

TH001 半成品约当产量计算表

2015 年 4 月

成 本 项 目	在产品数量	投料程度 （加工程度）	在产品月末 约当产量	本月完工产量	约当产量合计
直接材料					
直接人工					
制造费用					

表 7–59

产品成本计算单

产品名称：TH001

车间：一车间   单位：元

摘　　要	直 接 材 料	直 接 人 工	制 造 费 用	合　　计
月初在产品成本				
本月的生产费用				
生产费用合计				
约当产量合计				
单位成本				
完工的 TH001 的生产成本				
月末在产品成本				

2. 编制 TH002 半成品约当产量计算表（见表 7–60）和二车间的产品成本计算单（见表 7–61），计算二车间的 TH002 半成品的实际生产成本。

表 7-60

TH002 半成品约当产量计算表

2015 年 4 月

成 本 项 目	在产品数量	投料程度 （加工程度）	在产品月末 约当产量	本月完工产量	约当产量合计
半成品					
直接人工					
制造费用					

表 7-61

产品成本计算单

产品名称：TH002

车间：二车间 单位：元

摘　要	半 成 品	直 接 人 工	制 造 费 用	合　计
月初在产品成本				
本月的生产费用				
生产费用合计				
约当产量合计				
单位成本（分配率）				
完工的 TH002 的生产成本				
月末在产品成本				

3. 根据表 7-61 的计算结果，编制 TH002 半成品入库的记账凭证（见表 7-62），并登记 TH002 自制半成品明细账（见表 7-63）。

表 7-62

记 账 凭 证

年　月　日 编号：

摘　　要	科 目 名 称		借 方 金 额	贷 方 金 额	记账 符号
	总账科目	明细科目			
附件　张	合　　计				

会计主管： 记账： 制单： 复核：

表 7-63

自制半成品明细账

品名：TH002　　　　　　　　　　　2015 年

2015 年		凭证	摘　要	收　入			发　出			结　存		
月	日			数量	单价	金额	数量	单价	金额	数量	单价	金额
3	31		期初余额									
4		略	二车间交库									
			三车间领用									
			本月合计									

4. 采用加权平均法计算领用 TH002 半成品成本，编制记账凭证（见表 7-64），并登记自制半成品明细账（见表 7-63）和三车间的产品成本计算单（见表 7-66）。

表 7-64

记 账 凭 证

年　月　日　　　　　　　　　　　　　　　　编号：

摘　要	科目名称		借方金额	贷方金额	记账符号
	总账科目	明细科目			
附件　　张	合　计				

会计主管：　　　　　记账：　　　　　制单：　　　　　复核：

5. 编制 TH 产品约当产量计算表（见表 7-65）和三车间的成本计算单（见表 7-66），计算 TH 产品的生产成本。

表 7-65

TH 产品约当产量计算表

2015 年 4 月

成本项目	在产品数量	投料程度（加工程度）	在产品月末约当产量	本月完工产量	约当产量合计
半成品					
直接人工					
制造费用					

表 7-66

产品成本计算单

产品名称：TH 产品

车间：三车间 单位：元

摘 要	半成品	直接人工	制造费用	合 计
月初在产品成本				
本月的生产费用				
生产费用合计				
约当产量合计				
单位成本（分配率）				
完工的 TH 产品的生产成本				
月末在产品成本				

6. 编制 TH 产品成本还原计算表（见表 7-67）。

表 7-67

产品成本还原计算表

产品名称：TH 产品 2015 年 4 月 产量：200 件

行次	项 目	还原分配率	TH002 半成品	TH001 半成品	直接材料	直接人工	制造费用	合 计
1	还原前 TH 产品生产成本	—						
2	TH002 半成品成本	—						
3	第一次成本还原							
4	TH001 半成品成本							
5	第二次成本还原							
6	还原后 TH 产品生产成本	—						
7	还原后 TH 产品单位生产成本							

实训五 平行结转分步法

【实训目的】

通过本实训熟悉产品成本核算的基本原理和一般程序，掌握平行结转分步法计算产品成本的基本程序和有关账务处理方法。

【实训说明】

平行结转分步法是将各个生产步骤的总成本中的应由产成品负担的份额平行汇总，以求得产成品成本的方法。平行结转分步法也是按照产品的品种和生产步骤来归集生产费用，但只计算完工产品在各个步骤总成本中应负担的"份额"，即只计算出完工产品的成本，而不计算和结转各个步骤中完工半成品的成本。因此，该方法也叫作不计算半成品成本法。相对于逐步结转分步法需要分步计算半成品成本，平行结转分步法也可称为简化的分步法。

采用平行结转分步法，首先归集各个步骤实际发生的生产费用，每一步骤半成品完工时在账面上不做任何处理，只需在期末把各个生产步骤的生产费用在完工产品及广义在产品之间分配，对每一步应分配的广义在产品的范围按"谁受益，谁分配"的原则进行确定即可。

【实训说明】

春秋大华公司是一家生产化工产品的企业，大量生产 S1 型产成品，该产品经过三个车间连续加工制成。一车间生产的 SA 半成品，直接转入二车间加工成 SB 半成品，SB 半成品直接转入三车间加工成 S1 型产成品。其中，一件 SA 半成品生产一件 SB 半成品，一件 SB 半成品生产一件 S1 型产成品。原材料在生产开始时一次性投入，其他费用陆续发生，各车间月末在产品完工率均为 50%。各车间生产费用在完工产品和在产品之间的分配采用约当产量法。

1. 各车间某月份产品产量记录见表 7-68。

表 7-68

产品产量记录表

2015 年 4 月 30 日　　　　　　　　　　　　　单位：件

项　目	一车间	二车间	三车间	产 成 品
月初在产品数量	50	20	70	
本月投入或上一车间转入数量	300	250	200	
本月完工转出数量	250	200	250	250
月末在产品数量	100	70	20	

2. 各车间月初在产品成本及本月发生的生产费用数额见表 7-69。

表 7-69

月初在产品成本及本月发生的生产费用

2015 年 4 月　　　　　　　　　　　　　单位：元

项　目	车间	直接材料	半 成 品	直接人工	制造费用	合　计
月初在产品成本	一车间	4 500		550	950	6 000
月初在产品成本	二车间		3 000	480	520	4 000
月初在产品成本	三车间		17 500	3 850	3 150	24 500
本月发生生产费用	一车间	27 000		6 050	10 450	43 500
本月发生生产费用	二车间			10 800	11 700	22 500
本月发生生产费用	三车间			24 750	20 250	45 000

【实训要求】

采用平行结转分步法计算产品成本。

计算各步骤（生产车间）应计入最终产品（S1 型产成品）成本的份额。

1. 编制各生产步骤的约当产量计算表，见表 7-70。

表 7-70

各生产步骤的约当产量计算表

项　目	直接材料	直接人工	制造费用
一车间的约当产量			
二车间的约当产量			
三车间的约当产量			

2. 编制各生产步骤的产品成本计算单，见表7-71、表7-72 和表7-73，计算各步骤应计入最终产成品的成本份额。

表 7-71

产品成本计算单

车间：一车间　　　　　　　　　品名：SA 半成品　　　　　　　　　单位：元

摘　要	直接材料	直接人工	制造费用	合　计
月初在产品成本				
本月生产费用				
合　计				
第一步骤的约当产量				
分配率（单位成本）				
应计入产成品成本份额				
月末在产品成本				

表 7-72

产品成本计算单

车间：二车间　　　　　　　　　品名：SB 半成品　　　　　　　　　单位：元

摘　要	直接材料	直接人工	制造费用	合　计
月初在产品成本				
本月生产费用				
合　计				
第一步骤的约当产量				
分配率（单位成本）				
应计入产成品成本份额				
月末在产品成本				

表 7-73

产品成本计算单

车间：三车间　　　　　　　　　品名：S1 型产成品　　　　　　　　单位：元

摘　要	直接材料	直接人工	制造费用	合　计
月初在产品成本				
本月生产费用				
合　计				
第一步骤的约当产量				
分配率（单位成本）				
应计入产成品成本份额				
月末在产品成本				

3. 编制产品成本汇总表，见表7-74，将各步骤应计入产成品成本的份额汇总，计算产成品成本。

表 7–74

产品成本汇总表

产品名称：S1 型产成品　　　　　　　　2015 年 4 月　　　　　　　　完工产量：250 件

单位：元

项　目	直接材料	直接人工	制造费用	合　计
一车间份额				
二车间份额				
三车间份额				
产成品总成本				
单位成本				

4. 编制 SH2 产品成本结转的记账凭证，见表 7–75。

表 7–75

记 账 凭 证

年　月　日　　　　　　　　　　　　　　　　　　编号：

摘　要	科 目 名 称		借方金额	贷方金额	记账符号
	总账科目	明细科目			
附件　　张	合　　计				

会计主管：　　　　记账：　　　　制单：　　　　复核：

【实训提示及参考答案】

实训一提示

1. 辅助生产成本明细账（简式），见表 7–76。

表 7–76

辅助生产成本明细账

车间名称：机修车间

2015 年 月	日	凭证字号	摘　要	材 料 费	人 工 费	其他费用	合　计
10	31	（略）	分配材料费用	2 560			2 560
	31		分配人工费		7 100		7 100
	31		计提折旧费			3 590	3 590
	31		外购动力费			15 000	15 000
	31		办公及其他费用			4 500	4 500
	31		生产成本合计	2 560	7 100	22 500	32 750
	31		本月转出	2 560	7 100	23 090	32 750

2. 制造费用明细账（简式），见表 7-77。

表 7-77

制造费用明细账

车间名称：基本生产车间

2015年		摘　要	材 料 费	人 工 费	折 旧 费	动 力 费	修 理 费	其　他	合　计
月	日								
10	31	材料费	1 950						1 950
	31	人工费		15 600					15 600
	31	折旧费			11 000				11 000
	31	动力费				46 000			46 000
	31	其他费用						22 000	22 000
	31	修理费					25 000		25 000
	31	本月合计	1 950		11 000	46 000	22 000	22 000	121 600
	31	本月转出	1 950	15 600	11 000	46 000	25 000	22 000	121 550

3. 成本计算单。见表 7-78 和表 7-79。

表 7-78

产品成本计算单

产品名称：B001 产品　　　　　　2015 年 10 月 31 日　　　　　　产成品：500 件
　　　　　　　　　　　　　　　　　　　　　　　　　　　　　　在产品：100 件

摘　要	直接材料	直接人工	制造费用	合　计
生产费用合计	605 500	206 250	85 310	897 060
完工产品数量	500	500	500	
在产品约当产量	100	50	50	
约当总量	600	550	550	
分配率（单位成本）	1 009.17	375	155.11	1539.28
完工产品成本	504 585	187 500	77 555	769 640
月末在产品成本	100 915	18 750	7 755	127 420

表 7-79

产品成本计算单

产品名称：B002 产品　　　　　　2015 年 10 月 31 日　　　　　　产成品：200 件
　　　　　　　　　　　　　　　　　　　　　　　　　　　　　　在产品：40 件

摘　要	直接材料	直接人工	制造费用	合　计
生产费用合计	391 900	104 250	43 740	539 890
完工产品数量	200	200	200	
在产品约当产量	40	20	20	
约当总量	240	220	220	
分配率（单位成本）	1 632.92	473.86	198.82	2 305.60
完工产品成本	326 584	94 772	39 764	461 120
月末在产品成本	65 316	9 478	3 976	78 770

4. 在核算过程中，每做一个分配表，根据分配表填制记账凭证，然后再登记明细账。

实训二提示

各批产品的成本计算单见表7-80、表7-81和表7-82。

表7-80

产品成本计算单

批号：601　　　　　　　　　　　　　　　　　　开工日期：2015年2月05日

产品名称：AH01　　　　　　　　　　　　　　　完工日期：2015年4月25日

产量：15台　　　　　　　　2015年4月30日　　　　　　金额单位：元

项　目	直 接 材 料	直 接 人 工	制 造 费 用	合 　计
月初在产品成本	6 200	500	350	7 050
本月生产费用	15 260	3 952	8 360	27 572
生产费用累计	21 460	4 452	8 710	34 622
完工产品成本	21 460	4 452	8 710	34 622
完工产品单位成本	1 430.67	296.80	580.67	2 308.14

表7-81

产品成本计算单

批号：701　　　　　　　　　　　　　　　　　　开工日期：2015年3月08日

产品名称：AH02　　　　　　　　　　　　　　　完工日期：2015年4月27日

产量：20台　　　　　　　　2015年4月30日　　　　　　金额单位：元

项　目	直 接 材 料	直 接 人 工	制 造 费 用	合 　计
月初在产品成本	560	400	820	1 780
本月生产费用	10 500	2 600	5 500	18 600
生产费用累计	11 060	3 000	6 320	20 380
完工产品成本	11 060	3 000	6 320	20 380
完工产品单位成本	553	150	316	1 019

表7-82

产品成本计算单

批号：802　　　　　　　　　　　　　　　　　　开工日期：2015年4月01日

产品名称：AH04　　　　　　　　　　　　　　　完工日期：2015年4月30日

产量：4台　　　　　　　　2015年4月30日　　　　　　金额单位：元

项　目	直 接 材 料	直 接 人 工	制 造 费 用	合 　计
月初在产品成本	320	650	430	1 400
本月生产费用	21 350	5 720	12 100	39 170
生产费用累计	21 670	6 370	12 530	40 570
完工产品成本	10 835	4 246	8 353.32	23 434.32
完工产品单位成本	2 708.75	1 061.50	2 088.33	5 858.58

实训三提示

1. 累计分配率

直接人工累计分配率 = 299 320 ÷ 42 760 = 7

制造费用累计分配率 = 384 840 ÷ 42 760 = 9

2. 本月完工产品转出成本，见表7-83。

表7-83

本月完工产品转出成本

产品批次	摘　要	生产工时/时	直接材料	直接人工	制造费用	合　计
1001#	本月完工产品转出	9 700	73 800	68 390	87 930	230 120
1002#	本月完工产品转出	5 000	38 000	35 000	45 000	118 000
2001#	本月完工产品转出	3 000	32 000	21 000	27 000	80 000

实训四提示

1. 表7-59完工的TH001半成品的生产成本：直接材料15 520元、直接人工2 009.60元、制造费用2 222.40元，合计19 752元。

2. 表7-61完工的TH002半成品的生产成本：半成品22 221元、直接人工3 139.20元、制造费用4 541.40元，合计29 901.60元。

3. 表7-66完工的TH产品的生产成本：半成品32 716元、直接人工3 458元、制造费用2 580元，合计38 754元。

4. 表7-67，第一次还原后TH001半成品成本24 312.49元、直接人工3 434.6元、制造费用4 968.91元，合计32 716元。

第二次还原后TH001半成品成本19 103.57元、直接人工2 473.6元、制造费用2 753.3元，合计24 330.47元。

还原后TH产品生产成本：直接材料19 103.57元、直接人工9 366.22元、制造费用10 284.21元，合计38 754元。

还原后TH产品单位生产成本：直接材料95.45元、直接人工46.82元、制造费用51.50元，合计193.77元。

第一次成本还原分配率：32 716 ÷ 29 901.6 = 1.094 1

第二次成本还原分配率：24 312.49 ÷ 19 752 = 1.230 9

实训五提示

1. 一车间的月末生产产品的约当产量。

直接材料项目生产总量 = 250 + 20 + 70 + 100 = 440（件）

直接人工项目生产总量 = 250 + 20 + 70 + 100 × 50% = 390（件）

制造费用项目生产总量 = 250 + 20 + 70 + 100 × 50% = 390（件）

2. 二车间的月末生产产品的约当产量。

直接人工项目生产总量 = 250 + 20 + 70 × 50% = 305（件）

制造费用项目生产总量 = 250 + 20 + 70 × 50% = 305（件）

3. 三车间的月末生产产品的约当产量。

直接人工项目生产总量 = 250 + 20 × 50% = 260（件）

制造费用项目生产总量 = 250 + 20 × 50% = 260（件）

根据计算确定的分配标准，就可以计算每个车间的成本分配率。

4. 最终产成品成本应负担的份额，见表7-84。

表7-84

产成品成本汇总表

产品名称：S1 型产生品　　　　　　　　2015 年 4 月　　　　　　　　完工产量：250 件

单位：元

项　　目	直 接 材 料	直 接 人 工	制 造 费 用	合　　计
一车间份额	17 897.50	4 230	7 307.50	29 435
二车间份额		9 245	10 017.50	19 262.50
三车间份额		27 500	22 500	50 000
产成品总成本	17 897.50	40 975	39 825	98 697.50
单位成本	71.59	163.90	159.30	394.79

第八章　产品成本核算的辅助方法

项目一　基础知识训练

一、单项选择题

1. 产品成本计算的分类法适用于（　　）。
   A. 品种、规格繁多的产品
   B. 可以按照一定标准分类的产品
   C. 品种、规格繁多的，而且可以按照一定标准分类的产品
   D. 只适用于大批大量生产的产品

2. 按照系数比例分配同类产品中各种产品成本的方法（　　）。
   A. 是一种完工产品和月末在产品之间分配费用的方法
   B. 是一种单独的产品成本计算方法
   C. 是一种简化的分类法
   D. 是一种分配间接费用的方法

3. 使用同种原料，经过相同加工过程生产出来的品种相同，但质量不同的产品是（　　）。
   A. 联产品　　　　B. 副产品　　　　C. 等级产品　　　　D. 主产品

4. 采用定额法计算成本的目的是（　　）。
   A. 简化产品成本计算工作　　　　B. 准确计算产品的实际成本
   C. 准确计算产品的定额成本　　　　D. 加强产品成本管理工作

5. 原材料脱离定额的差异是（　　）。
   A. 数量差异　　　　B. 价格差异　　　　C. 定额变动差异　　　　D. 材料成本差异

二、多项选择题

1. 联产品的成本是由（　　）之和组成。
   A. 联合成本　　　　B. 可归属成本　　　　C. 制造费用　　　　D. 销售成本

2. 采用分类法，某类产品中各种产品之间分配成本的标准可以选用（　　）。
   A. 定额消耗量　　　B. 计划成本　　　C. 定额成本　　　　D. 产品售价
   E. 相对固定的系数

3. 分类法不是一种独立的计算方法，往往要与（　　）等成本计算方法联合使用。
   A. 品种法　　　　B. 分批法　　　　C. 分步法　　　　D. 系数法

4. 在品种规格繁多且可按一定标准划分为若干类别的企业或车间中，能够应用分类法计算成本的产品生产类型有（　　）。
   A. 大量大批多步骤生产　　　　B. 大量大批单步骤生产
   C. 单件小批多步骤生产　　　　D. 单件小批单步骤生产

5. 副产品成本可以（　　）。

    A. 按计划成本确定　　　　　　　B. 按实际成本确定

    C. 不计成本　　　　　　　　　　D. 按售价扣除税金和销售成本后的余额确定

6. 联产品联合成本的分配方法有（　　）。

    A. 系数分配法　　　　　　　　　B. 相对销售价值分配法

    C. 实物量分配法　　　　　　　　D. 人工成本分配法

三、判断题

1. 联产品必须采用分类法计算产品成本。　　　　　　　　　　　　　（　　）
2. 用分类法计算出的类内各种产品的成本具有一定的假定性。　　　　（　　）
3. 主、副产品在分离前应合为一类产品计算成本。　　　　　　　　　（　　）
4. 分类法没有独特的成本计算对象，因而不是成本计算的基本方法。（　　）
5. 副产品与主要产品是同一生产过程生产出来的。　　　　　　　　　（　　）
6. 定额成本是一种目标成本，是企业进行成本控制和考核的依据。　（　　）

项目二　综合能力训练

实训　分类法

【实训目的】

通过本实训熟练掌握各种辅助方法的基本原理及实际应用，以及完工产品实际成本的计算。

【实训说明】

东阳机械制造有限责任公司三车间生产 D001、D002、D003、D004 四种产品。由于生产产品的品种、规格较多，但每类产品的结构、所用原材料、生产工艺过程都基本相同，所以对产品的生产成本采用分类法核算。在核算时，先按产品类别设立生产成本明细账归集生产成本，计算出各类完工产品成本，然后再按一定标准分配计算各类产品中各种产品的成本。其特点主要是以产品类别归集生产成本，再按一定标准在类内各产品之间进行分配，计算产品成本。采用分类法计算的关键是要把握三"适当"，即对产品分类要适当；选择成本的分配标准要适当；产品分配的类距要适当。

【实训资料】

东阳机械制造有限责任公司三车间生产 D001、D002、D003、D004 四种产品，这四种产品所耗原材料和生产工艺及产品结构相近，计算成本时可视为一类产品（甲类产品）。该类产品的直接材料成本按照各种产品的直接材料成本系数进行分配（直接材料成本系数按直接材料成本定额确定）。该公司产品标准规定以 D003 产品作为标准产品。2015 年 3 月各产品所耗原材料的消耗定额、计划单价及成本定额等资料如下。

1. 各种产品产量和定额消耗资料见表 8-1 至表 8-4。

表8-1

D001 产品直接材料成本等情况表

2015 年 3 月

产品名称	单位产品原材料成本			
	材料编号	消耗定额/千克	计划单价/元	成本定额/元
D001	0001	6.15	40	246
	0002	25	74	1 850
	0002	24	90	2 160
	合　计			4 256

表8-2

D002 产品直接材料成本等情况表

2015 年 3 月

产品名称	单位产品原材料成本			
	材料编号	消耗定额/千克	计划单价/元	成本定额/元
D002	0001	48.45	40	1 938
	0002	32	74	2 368
	0002	29	90	2 610
	合　计			6 916

表8-3

D003 产品直接材料成本等情况表

2015 年 3 月

产品名称	单位产品原材料成本			
	材料编号	消耗定额/千克	计划单价/元	成本定额/元
D003	0001	19	40	760
	0002	30	74	2 220
	0002	26	90	2 340
	合　计			5 320

表8-4

D004 产品直接材料成本等情况表

2015 年 3 月

产品名称	单位产品原材料成本			
	材料编号	消耗定额/千克	计划单价/元	成本定额/元
D004	0001	9.50	40	380
	0002	15	74	1 110
	0002	13	90	1 170
	合　计			2 660

2. 甲类产品的成本明细账见表8-5。

表8-5

甲类产品的成本明细账

2015 年 3 月

月	日	摘　要	直接材料	直接人工	制造费用	合　计
3	1	月初在产品成本	83 820	27 060	8 910	119 790
3	30	本月发生费用	106 680	37 000	60 180	203 860
3	30	生产费用合计	190 500	64 060	69 090	323 650

续表

月	日	摘　要	直接材料	直接人工	制造费用	合　计
3	30	本月完工产品成本	125 320	47 360	49 728	222 408
3	30	月末在产品成本	65 180	16 700	19 362	101 242

3. 东阳机械制造有限责任公司规定，甲类产品各种产品之间的直接人工和制造费用均按各种产品的定额工时分配。其中，D001 产品 16 小时，D002 产品 11 小时，D003 产品 14 小时，D004 产品 5.35 小时。已知 D001 产品 485 件，D002 产品 600 件，D003 产品 360 件，D004 产品 800 件。

【实训要求】

根据资料计算出各种产品材料成本系数及各种产品的总成本和单位成本，见表 8-6。

表 8-6

甲类产品各种产品成本计算表

2015 年 3 月

产品名称	产　量	直接材料系数	直接材料总系数	工时消耗定额	定额工时	直接材料	直接人工	制造费用	总成本	单位成本
成本分配率										
D001 产品										
D002 产品										
D003 产品										
D004 产品										
合　计										

【实训提示及参考答案】

表 8-6 的填制见表 8-7。

表 8-7

甲类产品各种产品成本计算表

2015 年 3 月

产品名称	产量	直接材料系数	直接材料总系数	工时消耗定额	定额工时	直接材料	直接人工	制造费用	总成本	单位成本（略）
成本分配率						125 320÷1 928＝65	47 360÷23 680＝2	49 728÷23 680＝2.10		
D001 产品	485	0.80	388	16	7 760	388×65＝25 220	7 760×2＝15 520	7 760×2.1＝16 296	57 036	
D002 产品	600	1.30	780	11	6 600	780×65＝50 700	6 600×2＝13 200	6 600×2.1＝13 860	77 760	
D003 产品	360	1	360	14	5 040	360×65＝23 400	5 040×2＝10 080	5 040×2.1＝10 584	44 064	
D004 产品	800	0.50	400	5.35	4 280	400×65＝26 000	4 280×2＝8 560	4 280×2.1＝8 988	43 548	
合　计	2 245		1 928		23 680	125 320	47 360	49 728	222 408	

D001 直接材料成本系数＝4 256÷5 320＝0.80

D002 直接材料成本系数＝6 916÷5 320＝1.30

D003 直接材料成本系数＝5 320÷5 320＝1

D004 直接材料成本系数＝2 660÷5 320＝0.50

第九章　成本报表的编制与分析

项目一　基础知识训练

一、单项选择题

1. 成本报表是一种（　　　）。
   - A. 内部管理会计报表
   - B. 对外财务会计报告
   - C. 静态报表
   - D. 汇总报表

2. 下列报表中，不包括在成本报表中的有（　　　）。
   - A. 产品生产成本表
   - B. 制造费用明细表
   - C. 期间费用明细表
   - D. 资产负债表

3. 编制成本报表是因为（　　　）。
   - A. 国家统一会计制度的要求
   - B. 企业内部经营管理的需要
   - C. 社会中介机构的要求
   - D. 潜在投资者和债权人的要求

4. 某产品上年实际平均单位成本与其本年实际平均单位成本的差额，除以其上年实际平均单位成本，等于该产品（　　　）。
   - A. 计划成本降低率
   - B. 与计划比较的成本降低率
   - C. 实际成本降低率
   - D. 没有经济意义

5. 生产的产品数量发生变动，（　　　）。
   - A. 只影响产品成本降低额
   - B. 只影响产品成本降低率
   - C. 不会影响产品成本降低率和降低额
   - D. 会影响产品成本降低率和降低额

二、多项选择题

1. 按产品品种编制的产品生产成本表，一般包括（　　　）等指标。
   - A. 产品产量
   - B. 产品单位成本
   - C. 本月总成本
   - D. 本年累计总成本

2. 成本分析应根据（　　　）等资料进行。
   - A. 成本核算资料
   - B. 成本计划资料
   - C. 成本明细账资料
   - D. 其他有关资料

3. 采用因素分析法时确定各因素排列顺序的一般原则是（　　　）。
   - A. 先计算数量因素变动的影响，后计算质量因素变动的影响
   - B. 先计算实物数量因素变动的影响，后计算价值数量因素变动的影响
   - C. 先计算主要因素变动的影响，后计算次要因素变动的影响
   - D. 先计算质量因素变动的影响，后计算数量因素变动的影响

4. 产品单位成本计划完成情况的分析，重点分析的是（　　　）。
   - A. 单位成本升降幅度较大的产品
   - B. 产量较多的产品

　　C. 在企业全部产品中所占比重较大的产品

　　D. 原材料成本比重大的产品

5. 影响产品单位成本中直接材料成本变动的因素有（　　　）。

　　A. 产品生产总量　　　　　　　　　　B. 材料总成本

　　C. 单位产品材料消耗量　　　　　　　D. 单位材料的价格

三、判断题

1. 成本报表是一种内部管理会计报表，一般不对外报送和公开。（　　　）

2. 成本报表的格式和内容应当具有统一性，以便统计、汇总和社会公众理解。（　　　）

3. 产品生产成本表只能按成本项目编制。（　　　）

4. 制造成本明细表只汇总企业基本生产单位的制造费用，不包括辅助生产单位的制造费用。（　　　）

5. 制造费用明细表与期间费用明细表的编制方法类似。（　　　）

6. 成本分析只需根据成本核算资料进行分析。（　　　）

7. 主要产品成本降低额和降低率的计算，依据的是对比分析法的原理。（　　　）

项目二　综合能力训练

实训一　商品产品成本表的编制与分析

【实训目的】

通过本实训熟练掌握商品产品成本表的编制与分析方法。

【实训说明】

嘉美机械制造有限责任公司 2015 年年末为了考核企业全部商品产品成本的执行情况及可比产品成本降低任务的完成情况，以便分析成本增减变化的原因，指出进一步降低产品成本的途径，需编制商品产品成本表。商品产品成本表按可比产品和不可比产品分别反映其单位成本和总成本。编制商品产品成本表的关键是：①明确可比产品和不可比产品；②若为可比产品，表中不仅要列示本期的计划成本和实际成本，而且还要列示按上年实际平均单位成本计算的总成本；若为不可比产品，由于没有上年的实际单位成本可比，所以只列示计划成本和实际成本。

【实训资料】

嘉美机械制造有限责任公司生产 F001、F002、F003 三种产品，其中 F001 和 F002 产品为可比产品，F003 为不可比产品。本公司 2015 年度生产总成本为 2 420 300 元，该公司本年度产量及成本等相关资料如下。

1. 全部产品产量资料见表 9-1。

表 9-1

全部产品产量资料汇总表

产品名称	F001 产品	F002 产品	F003 产品
上年实际	1 100	3 600	
本年计划	1 200	3 500	6 000

续表

产品名称	F001 产品	F002 产品	F003 产品
本月实际	100	300	400
本年实际	1 050	4 000	5 500

2. 主要产品成本资料见表 9-2、表 9-3 和表 9-4。

表 9-2

F001 产品单位成本汇总表

产品成本项目	直接材料	直接人工	制造费用	合　计
上年实际	210	110	50	370
本年计划	205	100	40	345
本月实际	204	98	38	340
本年实际	208	102	36	346

表 9-3

F002 产品单位成本汇总表

产品成本项目	直接材料	直接人工	制造费用	合　计
上年实际	160	84	43	287
本年计划	150	80	42	272
本月实际	152	82	38	272
本年实际	154	83	38	275

表 9-4

F003 产品单位成本汇总表

产品成本项目	直接材料	直接人工	制造费用	合　计
本年计划	100	50	30	180
本月实际	95	54	26	175
本年实际	96	53	25	174

【实训要求】

1. 根据所给资料编制商品产品成本表，见表 9-5。

表 9-5

商品产品成本表（按产品品种反映）

年　　月　　　　　　　　　　　　　　单位：元

产品名称	计量单位	实际产量		单位成本				本月总成本			本年累计总成本		
		本月	本年	上年	计划	本月	本年	上年	计划	本月	上年	计划	实际
(1)	(2)	(3)	(4)	(5)	(6)	(7)	(8)	(9)=(3)×(5)	(10)=(3)×(6)	(11)=(3)×(7)	(12)=(4)×(5)	(13)=(4)×(6)	(14)=(4)×(8)
可比产品成本合计													

产品名称	计量单位	实际产量		单 位 成 本				本月总成本			本年累计总成本		
		本月	本年	上年	计划	本月	本年	上年	计划	本月	上年	计划	实际
F001 产品	件												
F002 产品	件												
不可比产品 F003 产品	件												
全部产品 成本合计													

2. 编制可比产品成本变动分析表，见表9-6。

表9-6

可比产品成本变动分析表

年　　月

单位：元

产品名称		F001 产品	F002 产品	合　计
产量	计划（1）			
	实际（2）			
单位成本	上年（3）			
	计划（4）			
	实际（5）			
按计划产量 计算总成本	上年（6）＝（1）×（3）			
	计划（7）＝（1）×（4）			
	实际（8）＝（1）×（5）			
按实际产量 计算总成本	上年（9）＝（2）×（3）			
	计划（10）＝（2）×（4）			
	实际（11）＝（2）×（5）			
计划降低	降低额（12）＝（6）－（7）			
	降低率（13）＝（12）÷（6）			
实际降低	降低额（14）＝（9）－（11）			
	降低率（15）＝（14）÷（9）			

3. 编制可比产品成本降低计划表，见表9-7。

表9-7

可比产品成本降低计划表

年　　月

产品名称	计量单位	全年计划产量	单位成本		本年累计总成本		计划降低任务	
			上年实际平均	本年计划	上年实际平均	本年计划	降低额	降低率/%
F001 产品	件							

续表

产品名称	计量单位	全年计划产量	单位成本		本年累计总成本		计划降低任务	
			上年实际平均	本年计划	上年实际平均	本年计划	降低额	降低率/%
F002 产品	件							
合　　计								

4. 编制可比产品成本降低计划完成情况表，见表9-8。

表9-8

可比产品成本降低计划完成情况表

降低指标	计划相对上年		实际相对上年		实际脱离计划差异	
	降低额	降低率	降低额	降低率	降低额	降低率
可比产品						

实训二　主要产品单位成本表的编制与分析

【实训目的】

通过本实训能够熟练掌握企业一定时期内主要产品生产成本水平、变动情况及构成情况的成本报表的编制方法及分析方法。

【实训说明】

嘉美机械制造有限责任公司 2015 年年末为了考核各种主要产品单位成本计划的执行情况，了解单位成本的构成，分析各个成本项目的变化及其原因，以便寻找差距，挖掘潜力，降低成本，需编制主要产品单位成本表。主要产品单位成本表的特点是按产品的成本项目分别反映产品单位成本及各成本项目的历史先进水平、上年实际平均、本年计划、本月实际和本年累计实际平均的成本资料。

编制主要产品单位成本表的关键是：明确历史先进水平、上年实际平均、本年计划、本月实际和本年累计实际平均情况，尤其是对历史先进水平和本年计划的确定，否则会影响数据结果。

【实训资料】

嘉美机械制造有限责任公司生产 G001 和 G002 两种产品，G001 产品销售单价为 560 元，G002 产品销售单价为 490 元。

1. 本公司各种产品单位成本及制造费用过去、本年计划情况见表9-9。

表9-9

G001、G002 产品单位成本及相关资料

单位：元

成本项目		直接材料	直接人工	制造费用	产品生产成本
历史先进水平	G001 产品	260	42	50	352
	G002 产品	300	30	40	370

续表

成本项目		直接材料	直接人工	制造费用	产品生产成本
上年实际平均	G001 产品	310	50	60	420
	G002 产品	360	45	50	455
本年计划	G001 产品	300	45	56	401
	G002 产品	340	40	46	426

2. 本公司 1—11 月各种产品累计产量、总成本、平均单位成本及累计制造费用资料见表 9-10。

表 9-10

G001 和 G002 产品 1—11 月各种产品累计产量、总成本、平均单位成本及累计制造费用

单位：元

成本项目		直接材料	直接人工	制造费用	产品生产成本
G001 产品累计产量 240 台	累计总成本	76 800	12 960	12 000	101 760
	平均单位成本	320	54	50	424
G002 产品累计产量 200 台	累计总成本	52 000	10 600	6 000	68 600
	平均单位成本	260	53	30	343

3. 本公司 12 月份各种产品累计产量、总成本、平均单位成本及累计制造费用资料见表 9-11。

表 9-11

G001、G002 产品 12 月份各种产品累计产量、总成本、平均单位成本及累计制造费用

单位：元

成本项目		直接材料	直接人工	制造费用	产品生产成本
G001 产品累计产量 20 台	总成本	6 000	860	1 040	7 900
	单位成本	300	43	52	395
G002 产品累计产量 15 台	总成本	3 750	750	525	5 025
	单位成本	250	50	35	335

【实训要求】

1. 根据所给资料编制主要产品单位成本表，见表 9-12 和表 9-13。

表 9-12

主要产品单位成本表

编制单位：　　　　　　　　　　年　　月　　　　　　　　　　单位：元

产品名称		产品销售单价	
产品规格		本月实际产量	
计量单位	件	本年累计实际产量	

续表

成本项目	历史先进水平	上年实际平均	本年计划	本月实际	本年累计实际
直接材料					
直接人工					
制造费用					
产品单位成本					

表 9-13

主要产品单位成本表

编制单位：　　　　　　　　　　　　　　　年　　月　　　　　　　　　　　单位：元

产品名称			产品销售单价	
产品规格			本月实际产量	
计量单位	件		本年累计实际产量	

成本项目	历史先进水平	上年实际平均	本年计划	本月实际	本年累计实际
直接材料					
直接人工					
制造费用					
产品单位成本					

2. 编制主要产品单位成本对比分析表，见表 9-14 和表 9-15。

表 9-14

单位成本对比分析表

产品名称：　　　　　　　　　　　　　　　　　　　　　　　　　　　　　单位：元

成本项目	本期计划		上期		历史最好水平	
	节约或超支	%	节约或超支	%	节约或超支	%

表 9-15

单位成本对比分析表

产品名称：　　　　　　　　　　　　　　　　　　　　　　　　　　　　　单位：元

成本项目	本期计划		上期		历史最好水平	
	节约或超支	%	节约或超支	%	节约或超支	%

成本项目	本 期 计 划		上 期		历史最好水平	
	节约或超支	%	节约或超支	%	节约或超支	%

【实训提示及参考答案】

实训一提示

1. 根据所给资料制商品产品成本表，见表9-16。

表9-16

商品产品成本表（按产品品种反映）

2015 年 12 月

单位：元

产品名称	计量单位	实际产量		单位成本				本月总成本			本年累计总成本		
		本月	本年	上年	计划	本月	本年	上年	计划	本月	上年	计划	实际
(1)	(2)	(3)	(4)	(5)	(6)	(7)	(8)	$(9) = (3) \times (5)$	$(10) = (3) \times (6)$	$(11) = (3) \times (7)$	$(12) = (4) \times (5)$	$(13) = (4) \times (6)$	$(14) = (4) \times (8)$
可比产品成本合计								123 100	116 100	115 600	1 536 500	1 450 250	1 463 300
F001 产品	件	100	1 050	370	345	340	346	37 000	34 500	34 000	388 500	362 250	363 300
F002 产品	件	300	4 000	287	272	272	275	86 100	81 600	81 600	1 148 000	1 088 000	1 100 000
不可比产品 F003 产品	件	400	5 500		180	175	174		72 000	70 000		990 000	957 000
全部产品成本合计		800	10 550	657	797	787	795	123 100	188 100	185 600	1 536 500	2 440 250	2 420 300

2. 编制可比产品成本变动分析表，见表9-17。

表9-17

可比产品成本变动分析表

2015 年 12 月

单位：元

产品名称		F001 产品	F002 产品	合 计
产量	计划 (1)	1 200	3 500	
	实际 (2)	1 050	4 000	
单位成本	上年 (3)	370	287	
	计划 (4)	345	272	
	实际 (5)	346	275	
按计划产量计算总成本	上年 (6) = (1) × (3)	444 000	1 004 500	1 448 500
	计划 (7) = (1) × (4)	414 000	952 000	1 366 000
	实际 (8) = (1) × (5)	415 200	962 500	1 377 700

产品名称		F001产品	F002产品	合计
按实际产量计算总成本	上年（9）=（2）×（3）	388 500	1 148 000	1 536 500
	计划（10）=（2）×（4）	362 250	1 088 000	1 450 250
	实际（11）=（2）×（5）	363 300	1 100 000	1 463 300
计划降低	降低额（12）=（6）-（7）	30 000	52 500	82 500
	降低率（13）=（12）÷（6）	6.76%	5.23%	5.7%
实际降低	降低额（14）=（9）-（11）	25 200	48 000	73 200
	降低率（15）=（14）÷（9）	6.49%	4.18%	4.76%

3. 编制可比产品成本降低计划表，见表9-18。

表9-18

可比产品成本降低计划表

2015年12月

产品名称	计量单位	全年计划产量	单位成本		本年累计总成本		计划降低任务	
			上年实际平均	本年计划	上年实际平均	本年计划	降低额	降低率/%
F001产品	件	1 200	370	345	444 000	414 000	30 000	6.76%
F002产品	件	3 500	287	272	1 004 500	952 000	52 500	5.23%
合计					1 448 500	1 366 000	82 500	5.70%

4. 编制可比产品成本降低计划完成情况表，见表9-19。

表9-19

可比产品成本降低计划完成情况表

降低指标	计划相对上年		实际相对上年		实际脱离计划差异	
	降低额	降低率	降低额	降低率	降低额	降低率
可比产品	82 500	5.70%	73 200	4.76%	-13 050	-15.82%

实训二提示

1. 主要产品单位成本表，见表9-20和表9-21。

表9-20

主要产品单位成本表

编制单位：嘉美机械公司　　　　2015年12月　　　　单位：元

产品名称		G001	产品销售单价		560
产品规格			本月实际产量		20
计量单位		台	本年累计实际产量		260
成本项目	历史先进水平	上年实际平均	本年计划	本月实际	本年累计实际
直接材料	260	310	300	300	318.46

续表

成本项目	历史先进水平	上年实际平均	本 年 计 划	本 月 实 际	本年累计实际
直接人工	42	50	45	43	53.15
制造费用	50	60	56	52	50.15
产品单位成本	352	420	401	395	421.76

表 9-21

主要产品单位成本表

编制单位：嘉美机械公司　　　　　　2015 年 12 月　　　　　　单位：元

产品名称		G002		产品销售单价	490
产品规格				本月实际产量	15
计量单位		台		本年累计实际产量	215
成 本 项 目	历史先进水平	上年实际平均	本 年 计 划	本 月 实 际	本年累计实际
直接材料	300	360	340	250	259.30
直接人工	30	45	40	50	52.79
制造费用	40	50	46	35	30.35
产品单位成本	370	455	426	335	342.44

2. 主要产品单位成本对比分析表，见表 9-22 和表 9-23。

表 9-22

单位成本对比分析表

产品名称：G001　　　　　　2015 年 12 月　　　　　　单位：元

成 本 项 目	本 期 计 划		上　　期		历史最好水平	
	节约或超支	%	节约或超支	%	节约或超支	%
直接材料	18.46	6.15	18.46	2.73	58.46	22.48
直接人工	8.15	18.11	3.15	6.30	11.15	26.55
制造费用	-5.85	-10.45	-9.85	-16.42	0.15	0.30

表 9-23

单位成本对比分析表

产品名称：G002　　　　　　2015 年 12 月　　　　　　单位：元

成 本 项 目	本 期 计 划		上　　期		历史最好水平	
	节约或超支	%	节约或超支	%	节约或超支	%
直接材料	-80.70	-23.74	-100.70	-27.97	-40.70	-13.57
直接人工	12.79	31.98	7.79	17.31	22.79	75.97
制造材料	-15.65	-34.02	-19.65	-39.30	-9.65	-24.13